Zur Strafprozeßreform.

Bemerkungen zu den vorliegenden Gesetzentwürfen und Änderungsvorschläge

von

Emil von Stockhausen,
Landgerichtspräsident a. D.

Berlin 1910.
J. Guttentag, Verlagsbuchhandlung,
G. m. b. H.

Inhalt.

Einleitung.

Die Bestrebungen, welche eine Reform der zur Zeit geltenden Strafprozeßordnung vom 10. Februar 1877 und der auf diese sich beziehenden Bestimmungen des Gerichtsverfassungsgesetzes zum Gegenstand haben, gehen schon bis auf das Jahr 1883 zurück.

Anfangs auf das Verlangen beschränkt, das Rechtsmittel der Berufung, welches bis jetzt nur gegen die Urteile der Schöffengerichte zugelassen ist, auch auf die Urteile der Strafkammer ausgedehnt zu sehen, haben sie im Laufe der Jahre immer größeren Umfang angenommen.

Bereits im Jahre 1903 ist infolgedessen seitens der Reichsverwaltung eine aus Universitätslehrern, Richtern, Staatsanwälten und Rechtsanwälten zusammengesetzte Kommission mit der Vorbereitung der immer dringender geforderten Reform, ohne irgendwelche Beschränkung, beauftragt, welche dann auch 1905 das alsbald zur allgemeinen Kenntnis gebrachte Ergebnis ihrer Beratungen in Protokollen und Beschlüssen niedergelegt hat.

Diese mannigfachen Reformversuche bilden die Grundlage der vor einiger Zeit dem Reichstage vorgelegten Gesetzentwürfe, von welchen der eine die Änderungen des Gerichtsverfassungsgesetzes, der andere den Erlaß einer völlig neuen Strafprozeßordnung zum Gegenstand hat.

Zurzeit liegen diese Gesetzentwürfe einer aus Mitgliedern des Reichstages bestehenden Kommission vor, welche auch während der inzwischen erfolgten Vertagung des Reichstages ihre Arbeiten fortsetzt. Es ist nicht unwahrscheinlich, daß sie damit beim Wiederzusammentritt des Reichstages im Herbst d. J. fertig sein, und daß alsdann das wichtige Gesetzgebungswerk seinem Abschluß zugeführt werden wird.

Daß das, was in diesen Entwürfen von der Regierung vorgeschlagen wird, nicht durchweg mit Befriedigung aufgenommen worden ist, darf als bekannt vorausgesetzt werden. Gerade aus den Kreisen, in welchen hauptsächlich Kenntnis des Wesens einer solchen Gesetzgebung zu suchen ist: von den Männern der Wissenschaft, welche der Vorlage den Puls gefühlt haben, und von den Praktikern, welche aus Erfahrung die Bedürfnisse der Strafrechtspflege und die Mängel des jetzt geltenden Verfahrens kennen, ist vielfach Widerspruch erhoben worden.

Auch die hier folgenden Ausführungen sind dem Bedürfnis entsprungen, zu einer Reihe von Vorschlägen jener Entwürfe eine ablehnende Erklärung abzugeben. Sie kommen von einem alten Praktiker, welcher längere Jahre hindurch Gelegenheit gehabt hat, im Strafverfahren tätig zu sein: als Staatsanwalt, als Beisitzender und als vorsitzender Richter, in letzterer Eigenschaft namentlich auch im Schwurgerichtsverfahren, und der, frei von Parteianschauungen, nur den einen Zweck vor Augen hat, für eine der Gerechtigkeit dienende, würdige und zugleich volkstümliche Rechtspflege zu seinem geringen Teile einzutreten.

Dieses Verlangen hat ihn das naheliegende Bedenken überwinden lassen, trotz der über den fraglichen Gegenstand vorhandenen reichhaltigen Fach- und sonstigen Literatur zu so später Stunde noch das Wort zu ergreifen. Er wendet sich damit keineswegs allein an die Fachgenossen, sondern in gleicher Weise an das gebildete Publikum überhaupt, bei welchem ein Interesse für diese Fragen vorausgesetzt werden darf, insbesondere an die Mitglieder des Reichstages, und bittet wohlwollend aufzunehmen, was er jetzt noch vorzutragen sich gedrungen fühlt.

A. Zu dem Gesetzentwurfe, betr. Änderungen des Gerichtsverfassungsgesetzes.

I. Die Bedeutung des Laienelementes in den erkennenden Strafgerichten.

Das moderne Strafverfahren, im Gegensatze zu dem, welches bis zur Mitte des vorigen Jahrhunderts in einem großen Teile von Deutschland in Übung war, kennzeichnet sich, abgesehen davon, daß in ihm das öffentliche und mündliche Verfahren vor den erkennenden Gerichten zuerst in die Erscheinung trat, hauptsächlich durch die Zuziehung des Laienelements zu diesen Gerichten.

Das Gesetz vom 10. Februar 1877, das erste deutsche Gesetz, welches es unternahm, ein einheitliches Strafverfahren herzustellen, beruft die Laien zur Mitwirkung in zweifacher Art: als beisitzende Richter, Schöffen genannt, neben dem Amtsrichter für die Strafsachen niedrigster Ordnung und ferner, als sogenannte Geschworene, selbständig, aber auf die Beantwortung der Schuldfrage beschränkt, neben dem für die Aburteilung der Strafsachen höchster Ordnung berufenen Richtern, in den Schwurgerichtshöfen.

Der jetzt vorliegende Gesetzentwurf behält diese beiden Arten der Mitwirkung der Laien als Schöffen und Geschworene bei, geht aber auf dem nun einmal betretenen Wege einen bedeutenden Schritt weiter, indem er auch die Strafgerichte mittlerer Ordnung, welche bisher reine Berufsgerichte waren, und zwar in gleicher Weise wie die jetzigen kleinen Schöffengerichte, mit Laien ausstattet, was vielfach Widerspruch gefunden hat.

Will man in dem um diese Organisation entbrannten Meinungsstreite einen festen Standpunkt gewinnen, der es ermöglicht, unbefangen und mit einiger Sicherheit zu beurteilen, was im Interesse der deutschen Strafrechtspflege zu wünschen ist, also einmal, ob es sich überhaupt empfiehlt, die Laien auch ferner in den Strafgerichten beizubehalten, und sodann eventuell ferner, welche Aufgabe man ihnen dort anvertrauen darf, so ist es vor allem nötig, sich über die Bedeutung klar zu werden, welche dem Laienelement im Strafverfahren beizumessen ist.

Es ist überraschend zu sehen, wie sehr in dieser Beziehung die Meinungen noch auseinandergehen, ja wie wenig sogar die grundlegende Frage trotz immerhin schon langjähriger Übung der Laiengerichte bisher geklärt erscheint.

Während von einer Seite mit Geringschätzung auf die Laien herabgesehen und in ihrer Mitwirkung unbedingt eine Verschlechterung der Strafjustiz erblickt wird, sieht man von anderer Seite darin eine wertvolle Errungenschaft, ein Mittel, um den durch sie ergänzten Gerichten den Vorzug vor den lediglich aus Berufsrichtern bestehenden Gerichten zu sichern, welch letztere Auffassung wieder auf verschiedene Weise zu begründen versucht wird.

Die Meinung, welche mit dem größten Anspruch auf Berücksichtigung auftritt, insbesondere in der Tagespresse, geht dahin, daß die Laien die Aufgabe haben, den oft „weltfremden" Richtern mit ihrer reichen Lebenserfahrung beizuspringen und dadurch ungeeignete Entscheidungen zu verhüten, welche sonst leicht als eine Folge jenes Mangels zu denken seien.

Eine andere, in der Fachpresse sich findende Ansicht behandelt zwar die Berufsrichter nicht ohne weiteres als „weltfremd", stimmt aber insofern mit jener Auffassung überein, als sie auch eine Auffrischung des Bluts in den Gerichten zur Erlangung mehr zutreffender Entscheidungen für erforderlich hält. So sagt Professor Heimberger in seinen „Fragen der Gerichtsorganisation im künftigen Strafprozeß" Seite 6 wörtlich: „In der Tat bietet ja auch die Zuziehung der Laien eine Garantie gegen die schablonenhafte Behandlung der Fälle durch Richter, die in jahrelanger Praxis einer gewissen Abstumpfung verfallen sind, und sie sichert eine möglichst gründliche Erörterung aller tatsächlichen und rechtlichen Fragen in der Hauptverhandlung wie bei der Beratung und Urteilsfällung."

Wenn sonst nichts für die Zuziehung der Laien zu den Strafgerichten geltend gemacht werden könnte, als dasjenige, was in diesen beiden, zwar in sich etwas verschiedenen, aber in der Mißachtung der Befähigung der Berufsrichter doch gleichartigen Meinungen zutage tritt, dann wäre es um die Legitimation jener zum Rechtsprechen in der Tat sehr mißlich bestellt. Denn jene Anschauungen als hinfällig zu kennzeichnen, kann nicht allzu schwer fallen.

Was zunächst die sogenannte Weltfremdheit der Berufsrichter betrifft, so wird es genügen, eine Parallele zu ziehen zwischen ihrem Bildungsgange und dem anderer Personen der gebildeten Kreise. In der Ausbildung, welche diese in der frühen Jugend erfahren, wird kaum ein Unterschied festgestellt werden können. Von dem Augenblicke an aber, in dem die Richter zur eigentlichen Berufstätigkeit übergehen, sind sie täglich in der Lage, den mannigfaltigsten Verhältnissen des menschlichen Lebens zu begegnen, die sie nicht aus der Entfernung betrachten, sondern mit denen sie sich unausgesetzt beschäftigen, um sie zu zergliedern und um ihre Beziehungen zu dem geltenden Rechte festzustellen. Das muß notwendigerweise zum Gegenteile von Weltfremdheit führen und nicht einen Mangel, sondern einen Vorzug der Berufsrichter vor den Laien begründen, denen zu einer solchen Vorbereitung keine Gelegenheit geboten wird. Es ist daher gewiß nicht ungerechtfertigt, wenn man die ganze Behauptung von der Weltfremdheit der Richter nicht nur für unbegründet, sondern für eine ziemlich leichtfertig ausgesprochene Phrase erklärt.

Nicht viel besser aber ist es um den mitgeteilten Ausspruch der Fachliteratur bestellt, als deren Repräsentant Prof. Heimberger vorgeführt ist. Zu dessen Behauptung, die Zuziehung der Laien zu den Gerichten „sichere eine möglichst gründliche Erörterung aller tatsächlichen und rechtlichen Fragen“, kann man jedenfalls schon ein großes Fragezeichen machen. Wie in aller Welt soll es zugehen, daß mit nicht rechtsverständigen Personen die Erörterung der bei der Verhandlung und der Beurteilung eines Strafrechtsfalles in Betracht kommenden Fragen gründlicher soll erfolgen können als mit Berufsrichtern, die auf diesem Gebiete zu Hause sind? Dagegen sträubt sich schon der gesunde Menschenverstand. Geradezu befremdend aber wirkt der übrige Teil des Ausspruchs jenes Gelehrten. Woher nimmt dieser eine solche Erfahrung? Bei anderen Berufsarten rechnet man die langjährige Übung für einen Vorzug und nicht für einen Mangel, der dazu drängt, auf Abhilfe Bedacht zu nehmen. Ein Arzt wird um so mehr geschätzt und gesucht, je mehr seine wissenschaftliche Tüchtigkeit gestützt wird durch eine gründliche Erfahrung. Warum soll dies beim Richter anders sein? Auch das Rechtsprechen muß allmählich gelernt werden, und es klingt seltsam, daß beim Richter die langjährige Übung zu „schablonenhafter Behandlung" führen und daß solche Richter einer „gewissen Abstumpfung" verfallen sollen. Die Anstellungsbehörden im Reich und in den Bundesstaaten stehen jedenfalls auf dem entgegengesetzten Standpunkte. Bei ihnen gilt eine längere Berufstätigkeit als Voraussetzung für den Anspruch, in höhere, also größere Anforderungen stellende Ämter aufzurücken. Prof. Heimberger scheint auch nicht berücksichtigt zu haben, daß nach Vorschrift des Gerichtsverfassungsgesetzes die Gerichte selbst die Art der Beschäftigung ihrer Mitglieder alljährlich neu regeln, was einen steten Wechsel ermöglicht und eine „schablonenhafte Behandlung" nicht aufkommen läßt.

Diese beiden verfehlten Versuche, die Notwendigkeit der Zuziehung von Laien zu den Strafgerichten darzutun, leiden an ein und demselben Fehler, daß sie nämlich davon ausgehen, die unter dieser Mitwirkung zustande kommenden Entscheidungen als sachlich zutreffender anpreisen zu müssen. Da es ihnen dafür an stichhaltigen Gründen fehlte, sind sie darauf verfallen, jene unhaltbaren Behauptungen aufzustellen, womit sie ihrer Sache einen schlechten Dienst geleistet haben.

Denn darüber, daß an sich den Berufsrichtern vor den Laien der Vorzug gebührt, nicht nur weil ihnen Rechtskenntnis zur Seite steht, sondern vor allem, weil sie sich durch die Übung ihres Amtes und die dadurch gewonnene Erfahrung eine größere Befähigung zum Urteilen erworben haben, kann füglich bei allen einigermaßen sachkundigen Personen ein Zweifel nicht wohl obwalten.

Diesem Vorzug gegenüber verschlägt es auch nichts, daß mitunter ein mitwirkender Laie in einem Falle gewisse, mit der abzuurteilenden Sache im Zusammenhange stehende Verhältnisse besser kennt und zu würdigen versteht als ein neben ihm amtierender Berufsrichter. Solche an sich möglichen Fälle der Überlegenheit eines Laien sind nicht geeignet, den an sich unbestreitbaren Vorzug des Berufsrichters in Frage zu stellen; ein System läßt sich auf sie nicht aufbauen.

So scheint es denn nach allem, was bisher hier gesagt worden ist, daß auch in diesen Ausführungen den Laien der Krieg erklärt werden sollte. Aber das ist in Wirklichkeit nicht die Absicht des Verfassers. Es soll vielmehr mit Entschiedenheit dafür eingetreten werden, sie zur Rechtsprechung heranzuziehen, nicht nur weil dies für wünschenswert, sondern weil es für unerläßlich gehalten wird. Nur wird dies nicht auf ihre größere Befähigung zum Urteilen, nach der man vergeblich suchen würde, gegründet werden.

Es ist schon in den einleitenden Worten zu diesen Ausführungen gesagt worden, daß in ihnen für eine volkstümliche Rechtspflege eingetreten werden solle. Daß dies ein berechtigtes Ziel ist, braucht nicht erst nachgewiesen zu werden, wenn man darunter das versteht, was sie ihrem wahren Begriffe nach allein ist. Nicht eine Einrichtung, welche der großen, der Mehrzahl nach urteilslosen Masse zusagt, sondern eine solche, die sich in Übereinstimmung befindet mit den begründeten Anschauungen und edleren Regungen der Nation.

Diese Volkstümlichkeit ist schon lange ein nicht zu übersehendes Erfordernis aller Einrichtungen im Reich und in den Einzelstaaten, ja sogar einschließlich der fest begründeten und alles überragenden Monarchie. Wie soll es möglich sein, dieses bedeutsame Moment bei der Organisation der Strafrechtspflege zu entbehren? Handelt es sich doch bei ihr um die höchsten Güter des Menschen: um Ehre und Vermögen, um Freiheit und Leben.

Volkstümlich aber kann die Rechtspflege nur sein — eine andere Art der Betätigung dieses Charakters ist nicht denkbar — durch Teilnahme des Volkes an der Rechtsprechung.

Darf für diesen Satz ganz allgemeine Gültigkeit in Anspruch genommen werden, so findet er in besonderem Grade Anwendung auf das deutsche Volk. Man denke nur an die Zeiten der alten deutschen Strafjustiz, als die Volksgenossen das damals noch nicht in verständlichen Gesetzbüchern vorliegende, sondern hauptsächlich erst in der Übung sich kundgebende Recht erst selbst finden und so die Unterlage für die zu treffende Entscheidung schaffen mußten. Hat dieser Zustand auch bei der mit der Erweiterung der Lebensverhältnisse und der festeren Gestaltung der staatlichen Ordnung ganz von selbst erfolgenden Ausbildung des Strafrechts in späterer Zeit sich unmöglich erhalten können, so ist er doch ein wertvolles Zeugnis für die weit zurückreichende Zugehörigkeit des Volkes zur Strafrechtsflege.

Schwache Spuren davon hatten sich sogar im Untersuchungsverfahren des ganz anders gestalteten späteren deutschen Strafprozesses erhalten; im übrigen aber war jene Zugehörigkeit allmählich vollständig abhanden gekommen. Ein nur aus Berufsrichtern zusammengesetztes Justizkollegium entschied über die in einem vorliegenden Straffalle zu treffende Entscheidung. Die Grundlage für diese Entscheidung bildeten die von einer anderen, besonderen Untersuchungsbehörde hergestellten schriftlichen Akten. Ihr Inhalt wurde den zur Urteilsfällung berufenen Richtern, die weder den Angeschuldigten noch die sonst in der Sache vernommenen Personen selbst zu sehen bekamen, durch eines oder zwei ihrer Mitglieder vorgetragen. Dies alles vollzog sich notgedrungen in nichtöffentlichen Sitzungen.

Teilnahmlosigkeit, ja Mißtrauen der Außenstehenden waren sehr erklärlicherweise die Begleiterscheinungen dieses Rechtszustandes.

Darin trat zuerst eine Änderung ein, als nach der politischen Bewegung des Jahres 1848 das schwurgerichtliche Verfahren, das in einzelnen deutschen Gebieten als ein Überbleibsel vorübergehender französischer Herrschaft sich noch erhalten gehabt hatte, ziemlich allgemein in Deutschland Eingang fand.

Seitdem ist die Teilnahme des Volkes an der Rechtsprechung nicht mehr von der Tagesordnung verschwunden. Vielmehr zeigt der Gang der Gesetzgebung in Deutschland, daß sie sich immer neue Gebiete zu erobern sucht, und es zeugt nicht von Verständnis der Volksseele, wenn man glaubt, sich diesem Zuge entgegenstellen und die Laien aus ihrer schon festen Stellung wieder verdrängen zu können. Das erscheint ebenso aussichtslos, als wenn man es unternehmen wollte, die Vertretung des Volkes bei der Gesetzgebung wieder zu beseitigen. Hieran denkt gewiß kein einsichtiger Mensch. Auch daran, die Teilnahme der Laien an der Strafrechtspflege rückgängig zu machen, sollte verständigerweise nicht mehr ernsthaft gedacht werden können.

Aber man muß sich nicht scheuen, offen zu erklären, daß es eine Täuschung sein würde, wenn man von dieser Einrichtung hoffen sollte, in den vorkommenden Fällen sachlich mehr zutreffende Entscheidungen zu erlangen, als sie reine Berufsgerichte abzugeben imstande sein würden. Man muß kein Hehl daraus machen, wie es bedauerlicherweise in der Begründung des Regierungsentwurfes geschieht, in dem sich auch sonst schwerverständliche Behauptungen finden, daß es, was die Korrektheit der Judikatur oder, mit anderen Worten, die strenge juristische Rechtfertigung der Entscheidungen betrifft, ein Opfer bedeutet, neben den Berufsrichtern Laien heranzuziehen, ja daß diese, wenn nicht für immer, so doch jedenfalls noch für lange Zeit ein Richterelement von geringerer Leistungsfähigkeit ausmachen werden.

Aber dieses Opfer muß gebracht werden. Nicht um ein gegen die reinen Berufsgerichte bestehendes Mißtrauen zu beseitigen, wozu im Hinblick auf die einwandsfrei garantierte Unabhängigkeit dieser und die traditionell von ihnen geübte Pflichttreue glücklicherweise kein Grund vorhanden ist, wohl aber um die Zugehörigkeit des Volkes zur Strafrechtspflege zur Darstellung zu bringen.

Die unter seiner eigenen Teilnahme ergehenden Entscheidungen erscheinen dem Volke annehmbarer als die, welche von reinen Berufsgerichten ausgehen. Das ist ein ganz selbständig in Betracht zu ziehender Gewinn, eine Erhöhung des Ansehens der Rechtspflege. Dieser Gewinn ist so groß, daß selbst die mit der Teilnahme der Laien an der Rechtsprechung vielleicht verbundene Vermehrung der Gefahr unzutreffender Entscheidungen in den Kauf genommen werden muß.

Das ist an sich gewiß eine unerfreuliche, aber unvermeidliche Nebenerscheinung, die jedoch auch auf anderen Gebieten der Laientätigkeit nicht ohne Beispiel ist. Auch die Gesetzesvorlagen verlassen nicht ausnahmslos verbessert die Beratungen des Reichstages und der Einzellandtage, und doch ist dieser Weg unerläßlich, um aus ihnen geltendes Recht werden zu lassen.

Bildet sonach die Mitwirkung der Laien in den Strafgerichten wirklich einen Vorzug, ein nicht hoch genug anzuschlagendes Imponderabile der Strafrechtspflege, so ist damit zugleich die Pflicht begründet, streng im Auge zu behalten, worauf dies beruht. Nur dann behält man einen richtigen Maßstab dafür, was man von dieser Mitwirkung erwarten kann und was man ihr anvertrauen darf. Tut man dies nicht, verläßt man jene Grundlage und läßt sich durch Schlagworte leiten, mit denen nur zu gern von manchen Seiten operiert wird, die aber bei näherer Prüfung in nichts zerfallen, und versucht man Gerichtsverfassung und Strafverfahren darauf aufzubauen, so dient man dem trügerischen Schein und schädigt, indem man ein wertvolles Gut in sein Gegenteil verkehrt, in empfindlicher Weise die vaterländische Rechtspflege.

Natürlich gibt es in den vorliegenden Gesetzentwürfen eine ganze Anzahl von Vorschlägen, welche für die gedeihliche Entwickelung des Strafverfahrens von Wichtigkeit sind, aber an erster Stelle fordert doch die Frage das Interesse heraus, auf welche Weise man es unternehmen will, die Mitwirkung der Laien in den Gerichten zu regeln. Zu einer Erörterung dieser Bestimmungen soll jetzt übergegangen werden.

II. Die künftigen Gerichte erster Instanz.

1. Allgemeines hierüber.

Der vorliegende Gesetzentwurf bestimmt als erkennende Gerichte erster Instanz die Amtsgerichte, die Strafkammern, die Schwurgerichte und das Reichsgericht.

Daß bei dem Reichsgerichte, welches nur für das Verbrechen des Hochverrats und des Landesverrats, insofern diese Verbrechen gegen den Kaiser oder das Reich gerichtet sind, in Strafsachen zuständig ist, Laien nicht mitwirken können, ergibt sich ohne weiteres aus dieser Zuständigkeit und aus dem Umstande, daß solche Entscheidungen in erster und letzter Instanz ergehen. Das erfordert eine erhöhte Garantie für die Rechtsprechung, also eine Zusammensetzung des Gerichts, die nur durch die Mitglieder des Reichsgerichts selbst hergestellt werden kann. Laien haben neben diesen keinen Raum.

Aber auch bei den Amtsgerichten, bei welchen nach der jetzt bestehenden Organisation die Laien in allen Sachen, die nicht durch Strafbefehl ihre Erledigung fanden, ausnahmslos mitwirken, und die deshalb ihren ehrlichen Namen „Amtsgerichte", soweit sie als Strafgerichte in Betracht kommen, mit der Bezeichnung „Schöffengerichte" haben vertauschen müssen, soll jetzt ungeachtet der den Laien sonst günstigen Strömung eine Anzahl von strafbaren Handlungen ohne Schöffen durch den Amtsrichter allein abgeurteilt werden. Die Bezeichnung Schöffengericht hat man deshalb ganz fallen lassen und will künftig nur zwischen „Amtsgerichten" mit Schöffen und solchen ohne Schöffen unterscheiden.

Vor die Gerichte der letzteren Art, die also durch den Amtsrichter allein gebildet werden, gehören zunächst die strafbaren Handlungen, welche im Strafgesetzbuch als Übertretungen, d. h. mit Haft oder mit Geldstrafe bis zu 150 M. bedrohte Handlungen, aufgeführt sind, ferner diejenigen Vergehen, die nur mit Haft oder mit Geldstrafe von höchstens 300 M. allein oder in Verbindung miteinander oder in Verbindung mit Einziehung bedroht sind; endlich die nach § 146a der Gewerbeordnung strafbaren Handlungen — § 23^{3} Abs. 2 des Entwurfs —.

Hiergegen wird nichts eingewandt werden können, denn bei diesen strafbaren Handlungen sind fast nur Zuwiderhandlungen gegen die öffentliche Ordnung in Frage, die nicht ungerügt bleiben dürfen, bei denen aber der Weg, auf welchem dies geschieht, von nur untergeordneter Bedeutung ist und bei welchen also auch von einem Bedürfnis nach volkstümlicher Justiz nicht wohl die Rede sein kann. Da ist es denn nur zu billigen, wenn seitens der Gesetzgebung für die Erledigung solcher Sachen ein mit geringerem Zeit- und Kostenaufwand arbeitender Apparat für ausreichend angesehen und in Vorschlag gebracht wird.

2. Die Amtsgerichte.

Von den vorstehend erörterten Ausnahmen abgesehen, sind die Amtsgerichte in der Hauptverhandlung, d. h. in dem Teile des Verfahrens, in welchem nach mündlicher Verhandlung der Sache über die Schuld des Angeklagten und die eventuell von ihm zu erleidende Strafe entschieden wird, mit einem Amtsrichter als Vorsitzendem und mit zwei Schöffen zu besetzen, welch letztere das Richteramt in vollem Umfange üben. (§ 23^{3} Abs. 1 und § 23^{4} des Entwurfs.)

Die Regelung der Zuständigkeit dieser Gerichte im § 23^{1} des Entwurfs erscheint unanfechtbar. Darüber, ob es prozeßpolitisch unbedenklich ist, auch noch weiter dem Staatsanwalt ohne Kontrolle des Gerichts, nur mit einer instruktionellen Weisung, wie es im § 23^{2} geschehen ist, die Befugnis einzuräumen, auch noch wegen anderer Handlungen bei den Amtsgerichten Anklage zu erheben, obwohl diese an sich nicht dahin gehören würden, bloß mit Rücksicht darauf, daß die in den betreffenden Sachen eventuell zu erkennende Strafe sich voraussichtlich innerhalb einer im Gesetze bezeichneten Grenze halten werde, kann man verschiedener Ansicht sein. Aber einem Bedenken, das dieserhalb etwa hervortreten sollte, wird doch kein großes Gewicht beigemessen werden dürfen. Die Hauptsache bleibt immer, daß die fraglichen Strafsachen, welche auf diesem Wege statt an das Landgericht, vor welches sie nach der allgemeinen Regelung der Zuständigkeit gehören würden, an das Amtsgericht gelangen, sich dazu eignen, hier abgeurteilt zu werden. Das kann im Hinblick auf die erwähnte Bestimmung unbedenklich bejaht werden. Im übrigen muß man zunächst vertrauen, daß seitens der Staatsanwaltschaft die ihr erteilte Instruktion beachtet und von der ihr eingeräumten Befugnis ein angemessener Gebrauch gemacht wird. Nötigenfalls kann gegen Mißbrauch im Aufsichtswege eingegriffen werden.

3. Die Strafkammern.

Bei ihnen setzt, wie schon oben bemerkt worden ist, die erste bedeutsame Neuerung der jetzigen Gesetzesvorlage ein. Bis jetzt wurden die Strafkammern durch Berufsrichter gebildet, welche außerhalb der Hauptverhandlung in der Besetzung von drei, in der Hauptverhandlung in der Besetzung von fünf Richtern zu entscheiden hatten. Nach § 77 Abs. 2 des Entwurfs sollen sie künftig in der Hauptverhandlung mit zwei Mitgliedern einschließlich des Vorsitzenden und mit drei Schöffen besetzt werden.

Zu diesem Vorschlage kann hier, wenn man vorläufig von dem Zahlenverhältnis und überhaupt von der Art der Besetzung mit Schöffen absieht, wie schon aus der bisherigen Ausführung zu entnehmen war, die volle Zustimmung erklärt werden.

Zunächst muß es schon befriedigen, daß der Inkongruenz in der bisherigen Konstruktion der verschiedenen Gerichte ein Ende gemacht werden soll. Daß man das Laienelement, das in den Gerichten unterster Ordnung, den Schöffengerichten, zur Mitwirkung herangezogen war, und das in den Schwurgerichten eine so bedeutende Rolle spielt, in den Gerichten mittlerer Ordnung völlig ausschaltete und diese nur mit Berufsrichtern besetzte, war eine entschieden auffallende Tatsache, für welche durchschlagende Gründe nicht geltend gemacht werden konnten, und welche deshalb störend zu wirken geeignet war.

Dann aber bilden gerade die Strafkammersachen, sowohl nach der bisherigen als nach der künftigen Regelung der Zuständigkeit — diese im einzelnen zu erörtern, liegt außerhalb des Rahmens dieser Ausführungen —, das Gros der eigentlich kriminellen Fälle, und es ergibt sich daraus von selbst, daß bei ihnen das Bedürfnis nach volkstümlicher Gestaltung des Verfahrens in besonderem Grade sich geltend macht, also die Zuziehung der Laien erfordert.

Ist schon aus den geltend gemachten Gründen der fragliche Schritt der Gesetzgebung freudig zu begrüßen, so wird ihm, was nicht gering anzuschlagen ist, auch weiter in betreff des Wertes des Laienelements für die Strafrechtspflege überhaupt eine aufklärende Wirkung beigemessen werden dürfen.

Die bisherige Prinziplosigkeit in der Organisation der Strafgerichte ließ ein befriedigendes Verständnis hierfür nicht aufkommen. Wie konnte man an einen klaren leitenden Gedanken bei der Gesetzgebung glauben, wenn man in den Gerichten unterster Ordnung als gleichberechtigte Richter Schöffen neben dem Amtsrichter wirken, in den Schwurgerichten die Geschworenen neben dem Gerichtshof selbständig, aber auf die Beantwortung der Schuldfrage beschränkt, und in den fast wichtigsten Gerichten mittlerer Ordnung, den Strafkammern, nur Berufsrichter tätig werden sah?

Auf eine wohlbegründete Überzeugung von der Notwendigkeit der Teilnahme des Volkes an der Rechtspflege bei den gesetzgebenden Faktoren ließ diese Einrichtung nicht wohl schließen; sie mußte entschieden verwirrend wirken. Die Schöffen bei den Amtsgerichten ließ man sich zwar gern gefallen, sah darin aber mehr eine anmutige Spielerei, ein etwas unfreiwillig gewährtes Zugeständnis, als eine wirklich ernste Maßregel. Erst die Teilnahme der Geschworenen an der Rechtspflege in den Strafgerichten höchster Ordnung nahm Sinn und Interesse des Volkes wahrhaft gefangen.

Das wird nun ein Ende nehmen. Ziehen die Laien auch in die Mittelgerichte ein, wo sie mit den Berufsrichtern einträchtig zusammenwirken werden, so kann es nicht ausbleiben, daß die frühere Auffassung in zweifacher Weise sich berichtigt. Der Ernst der ganzen Einrichtung tritt nun zuerst unverhüllt zutage, und man muß weiter erkennen, daß es nicht zum Wesen der Laientätigkeit gehört, den Berufsrichter beiseite zu schieben, sondern daß sie sich neben diesem unbehindert entfalten kann, um mit ihm ein und dasselbe Ziel, den Sieg der Gerechtigkeit, zu erstreben.

Und nicht bloß aufklärend, sondern darüber hinaus den Sinn für Gesetz und Ordnung hebend und stärkend muß eine solche Rechtspflege wirken. Kann man trotz aller unerfreulichen Erscheinungen der neuen Zeit doch noch immer festhalten, daß das deutsche Volk in dieser Beziehung den übrigen zivilisierten Nationen vorangeht, so wird man auch hoffen dürfen, daß es sich jenem Einflusse nicht unzugänglich erweisen, sondern in der Richtung fortschreiten wird.

Es fragt sich nun aber weiter, in welcher Weise das Laienelement in den Strafkammern vertreten werden soll. Die Regierung schlägt, wie schon gesagt ist, vor (im § 77 Abs. 2 des Entwurfs), diese Gerichte mit zwei Mitgliedern, einschließlich des Vorsitzenden, und mit drei Schöffen zu besetzen. In der Begründung des Entwurfs bemerkt sie dazu, daß die Schöffen den Richtern gegenüber in der Mehrzahl sein müssen, weil andernfalls die gelehrten Richter die Mitwirkung der Schöffen zu sehr in den Hintergrund drängen könnten.

Eine Besetzung mit drei Richtern und vier Schöffen, die von der früheren Strafprozeßkommission empfohlen worden sei, erscheint ihr nicht durchführbar. Sie meint, für ein Kollegium von solchem Umfange würde das vorhandene Material an Schöffen einfach nicht ausreichen, auch wäre eine so starke Besetzung des Gerichts in zahlreichen Fällen durch die Bedeutung der vor den Strafkammern zu verhandelnden Sachen nicht gerechtfertigt. Sie hält ferner dafür, die Fünfzahl des Kollegiums empfehle sich schon dadurch, daß sich die Bevölkerung an diese Besetzung gewöhnt habe.

Von diesen Gründen ist unbedenklich der zu akzeptieren, daß die Schöffen den Richtern gegenüber in der Mehrzahl sein müssen. Ein Gegenvorschlag, welcher in einer Veröffentlichung des Vereins sächsischer Richter und Staatsanwälte gemacht wird und dahin geht, daß die Strafkammern mit drei Berufsrichtern und zwei Schöffen zu besetzen seien, hat schwerlich auf Annahme zu rechnen. Eine solche Besetzung würde den Verdacht hervorrufen, daß man eine eigentliche Mitwirkung der Laien doch nicht wünsche und sie nur zur Dekoration des Gerichts herangeholt seien.

Ebenso wird man zugeben müssen, daß ein Kollegium von sieben Richtern aus den von der Regierung angeführten Gründen über das Bedürfnis hinausgeht, und daß die Fünfzahl, wie sie in der Zusammensetzung der bisherigen Strafkammern erster Instanz in der Hauptverhandlung zur Anwendung gekommen ist, wenn auch im übrigen andere Gesichtspunkte hier maßgebend sein müssen, doch eine gewisse Anlehnung gestattet.

Dagegen muß der Behauptung widersprochen werden, daß das vorhandene Material an Schöffen vielfach nicht ausreichen werde, um vier Schöffen zur Besetzung der Strafkammern zur Verfügung zu haben. Wird die im § 118 des Entwurfs geregelte Berufung der Schöffen loyal und umsichtig geübt, was erfahrungsmäßig bisher nicht überall geschehen, sondern hier und da durch Rücksichtnahmen beeinträchtigt worden ist, so muß es gelingen, diese Zahl an hinreichend einsichtigen, ehrenwerten und unabhängigen Männern in allen Landgerichtsbezirken genügend zu beschaffen. Damit wird man rechnen dürfen, wenn man an die Besetzung der Strafkammern herantritt.

Der Vorschlag der Regierung freilich macht das nicht nötig. Sie verlangt nur immer drei Schöffen für diese Besetzung zur Verfügung zu haben. Der vierte Richter neben dem Vorsitzenden zur Bildung des Fünferkollegiums soll kein Laie, sondern Berufsrichter sein.

Es ist nicht ganz ohne Zweifel, ob dieser Vorschlag mehr im Hinblick auf die vorhandenen drei Laien, um diesen gegenüber das Berufsrichterelement zu stärken und gegen eine Übermacht jener zu schützen, oder mehr im Interesse des Vorsitzenden, um diesem einen stets paraten Gehilfen zu geben; oder endlich aus Besorgnis vor dem zu großen Einfluß eines einzigen Berufsrichters auf die Laien gemacht worden ist.

Sei dem wie ihm wolle, die Zusammensetzung ist unter allen Umständen wenig ansprechend. Der erste als möglich angenommene Grund müßte jedenfalls für nicht stichhaltig angesehen werden: der Vorsitzende wird, wie die Regierung auch in den Motiven anerkennt, schon als Berufsrichter durch seine Rechtskenntnis und seine größere Gewandtheit in der Erörterung streitiger Punkte einen erheblichen Einfluß üben, der durch seine leitende Funktion naturgemäß verstärkt wird. Daß er dem Ansturm von vier Laien erliegen könnte, ist als ausgeschlossen anzusehen.

Einen Gehilfen aber braucht der Vorsitzende nicht. Bei der Leitung der Verhandlung könnte dieser zweckmäßigerweise nicht mit tätig sein. Die vorkommenden Zwischenentscheidungen, vorwiegend rein prozessualischer Natur, sind nicht von der Bedeutung, daß die Rechtskenntnis des Vorsitzenden allein dafür nicht als ausreichend angesehen werden könnte. Bei der Beratung der Endentscheidung würde es zwar nicht, wie von einigen Seiten geltend gemacht worden ist, bedenklich sein, den Laien zwei, vielleicht verschieden urteilende Berufsrichter gegenüberzustellen; ratsamer erscheint es aber immerhin, sie nur durch einen Rechtsgelehrten über die ihnen fremden Fragen beraten zu lassen, als ihnen ohne Not unter Umständen Zweifel zu erregen, welche sie in eine schwierige Lage versetzen können.

Dann bleibt nur noch das eine Bedenken übrig, daß der Vorsitzende als einziger Berufsrichter einen zu großen Einfluß auf die Entscheidung der Sache ausüben könnte, wenn ihm nicht in der Person eines zweiten Berufsrichters ein ebenbürtiger und nötigenfalls opponierender Beurteiler des Falles gegenübersteht. Das Bedenken ist nicht ganz von der Hand zu weisen, zumal es in Deutschland ohne Beispiel ist, was in England anstandslos geschieht, so viel Macht und Einfluß in die Hand eines einzigen Richters zu legen. Aber unüberwindlich ist das Bedenken nicht.

Man vergegenwärtige sich nur, daß jeder Berufsrichter, mag er nun Vorsitzender oder bloß beisitzender Richter sein, nur das eine Ziel haben kann und ausnahmslos haben wird, die vorliegende Strafsache im Dienste der Gerechtigkeit zu erledigen; daß dem Vorsitzenden durch die ganze Leitung der Verhandlung, welche ja bekanntlich für den Ausgang der Sache meist von ausschlaggebender Bedeutung ist, ein Einfluß eingeräumt ist, der durch die, von einem zweiten Berufsrichter nicht kontrollierte Leitung der Beratung kaum überboten werden kann; und daß die Laien als einsichtige und unabhängige Männer gedacht werden müssen, welche sich gleichfalls ihrer Pflicht bewußt sind und nicht willenlos, sondern nur als überzeugte Mitglieder des Kollegiums dem Vorsitzenden folgen, andernfalls aber ohne Scheu ihre gegenteilige Ansicht geltend machen werden.

Geht man von diesen Erwägungen aus, so erscheint es in der Tat nicht gefährlich, den zweiten Berufsrichter durch einen vierten Schöffen zu ersetzen, womit dem ganzen Kollegium ein ansprechender, einheitlicher Charakter gegeben sein würde, der allerdings einen ziemlich grellen Gegensatz gegen die bisherige Zusammensetzung der Strafkammer bilden, aber vermutlich in nicht langer Zeit sich allgemeiner Sympathie erfreuen würde.

Daß bei dem Vorschlage der Regierung, die Strafkammer neben dem Vorsitzenden mit einem zweiten Berufsrichter zu besetzen, der Gedanke leitend gewesen sein sollte, auf diesem Wege am besten für die Abfassung der Urteile gesorgt zu haben, ist kaum anzunehmen. Allerdings bildet diese unerläßliche Aufgabe eine große Arbeitslast für die Gerichte, die auch trotz der Ermäßigung der Anforderungen an die Urteile, welche nach den §§ 259 und 260 des Entwurfs zur Strafprozeßordnung beabsichtigt ist, auch künftig eine sehr erhebliche bleiben wird. Es erscheint auch ausgeschlossen, diese Last, bei welcher die Laien nicht in Betracht kommen können, allein auf die Schultern des Vorsitzenden zu legen. Aber es fehlt an einem zureichenden Grunde, als Urteilsverfasser nur einen Juristen als möglich zu denken, der bei der Verhandlung und Beratung der Sache als gleichberechtigtes Mitglied mitgewirkt hat. Nach der bisherigen Gesetzgebung ist dies allerdings durch Entscheidung des Reichsgerichts festgestellt, aber die Regierung hat im § 195 des Entwurfs zur Abänderung des GVG. eine Änderung dieser Bestimmung vorgeschlagen. Danach sollen künftig bei der Beratung und Abstimmung auch die dem Gerichte zur Beschäftigung überwiesenen Personen — darunter sind die noch kein selbständiges Richteramt bekleidenden Gerichtsassessoren zu verstehen — zugegen sein dürfen. Es ist anzunehmen, daß bei diesem Vorschlage gerade der Gedanke obgewaltet hat, diese Gerichtsassessoren, die ja bekanntlich in großer Zahl zur Verfügung stehen und voraussichtlich auch künftig stehen werden, für diese Arbeiten zu verwerten, was ihrer weiteren Ausbildung nur förderlich sein würde. Der Vorsitzende könnte sich dann darauf beschränken, die ihm vorgelegten Urteilsentwürfe zu prüfen und bis zur endgültigen Genehmigung zu kontrollieren. Das würde immerhin noch eine nicht gering anzuschlagende Tätigkeit sein, aber eines zweiten gelehrten Richters bedarf es dazu nicht im Kollegium. Die Besetzungsfrage kann unabhängig von jener Aufgabe geregelt werden.

Ein gewisser Vorteil, der zwar nicht als ausschlaggebend wird anerkannt werden dürfen, aber immerhin nicht ganz ohne Wert erscheint, würde auch in finanzieller Hinsicht erreicht werden, wenn man sich entschließen sollte, an die Stelle des zweiten Berufsrichters einen Schöffen mehr in die Strafkammern eintreten zu lassen. Die Kosten der Rechtspflege im allgemeinen wachsen, was nach der ständigen Zunahme der Bevölkerung und der mit ihr fast Schritt haltenden Entwickelung aller Lebensverhältnisse nicht wundernehmen kann, erfahrungsmäßig unausgesetzt in erheblicher Weise. Sie sollen trotzdem jetzt wieder durch die im § 118⁷ des Entwurfs in Aussicht genommene Entschädigung der Schöffen und Geschworenen für Reisekosten und Versäumnis eine Erhöhung erfahren. Die Ersparung je eines Berufsrichters bei den Strafkammern, wenn sie sachlich gerechtfertigt werden kann, wird daher nicht nur mit gutem Gewissen, sondern nicht ohne eine gewisse Befriedigung akzeptiert werden dürfen.

Wenn es also auch keineswegs verkannt wird, daß die hier erörterte Zusammensetzung der Strafkammern im Hinblick auf den bisherigen Zustand eine etwas radikale Maßregel bedeuten würde, so darf doch darauf hingewiesen werden, daß diese im Vergleich zum Vorschlage der Regierung sich darauf beschränkt, den zweiten Berufsrichter, für den es an einer befriedigenden Aufgabe zu fehlen scheint, der eine etwas unglückliche Figur spielen und das Bild, welches das Gericht gewährt, nur stören würde, durch einen Laien zu ersetzen. Deshalb wird hier der Vorschlag gewagt, die Strafkammern unter Überwindung aller vorliegenden Bedenken künftig mit einem Berufsrichter als Vorsitzenden und mit vier Laien, diese mit der gleichen Berechtigung, wie sie die Schöffen bei den Amtsgerichten haben, zu besetzen.

4. Die Schwurgerichte.

Die Regierung hat den von der Strafprozeßkommission ausgegangenen Vorschlag, das System der Schöffengerichte auf allen Stufen der Strafgerichtsbarkeit durchzuführen und demgemäß auch das Schwurgericht durch ein mit drei Richtern und sechs Schöffen besetztes Schöffengericht zu ersetzen, nicht akzeptiert, sondern sich dafür entschieden, die Schwurgerichte beizubehalten.

Was sie zur Begründung dieser Entschließung vorträgt, muß, so unbefriedigend und so überraschend zum Teil es auch ist, hier in Kürze mitgeteilt werden.

In dem Vorschlage der Strafprozeßkommission sieht sie im wesentlichen nur den Wunsch, die Organisation der Strafgerichte nach einem einheitlichen Prinzipe zu gestalten.

Sie macht geltend, die Bekanntgabe jenes Vorschlages habe lebhaften Widerspruch hervorgerufen. Es habe sich gezeigt, daß die Schwurgerichte nach wie vor in der Bevölkerung ein hohes Maß von Vertrauen genießen, ihre Abschaffung würde in manchen Kreisen als die Beseitigung einer wertvollen, aus politischen Gründen hochgehaltenen Errungenschaft angesehen werden. Diese weitverbreitete und historisch begründete Stimmung bilde einen Faktor, den der Gesetzgeber, auch wenn er gewisse Mängel in der schwurgerichtlichen Verfassung anerkennen müsse, nicht übersehen dürfe. Außerdem würde die Beseitigung der Schwurgerichte und ihre Ersetzung durch Schöffengerichte die Schwierigkeiten, welche schon jetzt mit der Lösung der ganzen Reformaufgabe verbunden seien, sehr beträchtlich steigern.

Den letzten Satz in dieser Begründung der ablehnenden Haltung der Regierung als maßgebend anzuerkennen, hält schwer. Auf die Schwierigkeit, das erforderliche Laienmaterial für das von der Kommission vorgeschlagene Schöffengericht oberster Ordnung zu beschaffen, wird man sich nicht wohl berufen dürfen; denn die Bildung der Geschworenenbank stellt in dieser Richtung noch größere Anforderungen. Worin sonst die Steigerung der für die Lösung der Reformaufgabe ohnedies schon vorhandenen Schwierigkeiten durch jenen Vorschlag bestehen soll, ist nicht erkennbar. Man sollte umgekehrt denken, daß die weitere Ausbildung des bei den Gerichten unterster und mittlerer Ordnung schon zur Anwendung gekommenen Grundsatzes auch bei den Gerichten oberster Ordnung weit einfacher sein müßte, als die Aufstellung und Durchführung eines wesentlich verschiedenen Prinzipes bei diesen.

Daß das Institut der Schwurgerichte in der jetzt geltenden Gesetzgebung bereits ausgearbeitet vorliegt und daß dieser Umstand eine Erleichterung gewährt, wird man doch wohl nicht geltend machen wollen. Aber selbst wenn für eine Erschwerung des Reformwerkes durch Verwirklichung des Gedankens der Kommission in der Tat sehr triftige Gründe sollten geltend gemacht werden können, so müßte diese Art der Begründung doch perhorresziert werden. Wenn es gilt, dem deutschen Volke eine Verfassung für seine Strafgerichte zu bieten, die Generationen überdauern soll, kann nur allein als maßgebend anerkannt werden, was dafür am meisten als geeignet anzusehen ist; Schwierigkeiten, die dabei auftauchen, auch die größten, müssen überwunden werden.

Volle Zustimmung fordert dagegen mit Recht der Ausspruch in der Begründung der Vorlage, daß die dort angeführten Umstände einen Faktor bilden würden, den der Gesetzgeber, auch wenn er gewisse Mängel in der schwurgerichtlichen Verfassung anerkennen müsse, nicht übersehen dürfe. Es fragt sich nur, ob man sich darin nicht täuscht, daß jene Umstände, welche zugunsten dieser Verfassung geltend gemacht werden, auch wirklich vorhanden sind.

Daß der Vorschlag, den die Kommission gemacht, lebhaften Widerspruch hervorgerufen hat, beweist doch nichts weiter, als daß in dem schon seit langer Zeit herrschenden Streit um die beste Strafgerichtsverfassung die ja ohne Frage vorhandenen Anhänger der Schwurgerichte sich veranlaßt gesehen haben, besonders laut ins Horn zu stoßen, was einem unbefangenen Beobachter kaum als eine besonders beachtenswerte neue Erscheinung gelten kann.

Daß es sich dabei aber gezeigt habe, welch hohes Maß von Vertrauen die Schwurgerichte nach wie vor in der Bevölkerung genießen, und daß ihre Abschaffung in manchen Kreisen als die Beseitigung einer wertvollen, aus politischen Gründen hochgehaltenen Errungenschaft angesehen werde, muß entschieden in Zweifel gezogen werden. Zu einer solchen Wahrnehmung fehlte es doch wohl an der erforderlichen Gelegenheit, denn wenn sie bedeutungsvoll sein sollte, so müßte sie sich auf eine Abwägung des Wesens der Schwurgerichte gegen die Schöffengerichte erstrecken, wozu keine Unterlage vorhanden war.

Es ist in der Einleitung dieser Ausführungen schon geltend gemacht, daß das Wiederaufleben der Teilnahme des Volkes an der Strafrechtspflege mit der Einführung der Schwurgerichte zusammengefallen ist. Kein Mensch kann bestreiten, daß darin eine sehr bedeutsame Neuerung erblickt, ja man kann ruhig zugestehen, daß sie als eine wertvolle Errungenschaft geschätzt wurde. Aber, wenn man sich vergegenwärtigt, daß die Schwurgerichte die einzige Form bildeten, in welcher die Teilnahme des Volkes an der Strafrechtspflege wieder auflebte, wie kann man darauf die Annahme stützen, daß es gerade jene Form gewesen und auch jetzt noch sei, welcher die begeisterte Zustimmung gegolten habe und noch heute gelte? Das war doch wohl nicht unterscheidbar. Die Einführung erfolgte nicht nach eingehender Prüfung durch die gesetzgebenden Faktoren, wie sie dem jetzt in Frage stehenden Reformwerk zuteil wird, sondern als eine Frage der allgemeinen politischen Bewegung in ziemlich hastiger Weise als ein Zugeständnis der Regierungen; als solches, nicht wegen seines inneren Wertes für die Strafrechtspflege, wurde es mit Jubel aufgenommen.

Und so wie damals ist es im wesentlichen auch noch heute. Wenn man eine Untersuchung darüber anstellen wollte, wie viele von den Personen, welche jetzt mit Lebhaftigkeit für das Schwurgericht eintreten, über seine Organisation und insbesondere über die Bestimmungen des schwurgerichtlichen Verfahrens selbst wirklich so unterrichtet seien, daß sie sich eine eigene Überzeugung bilden können, es würde aller Voraussicht nach nur eine wenig imponierende Zahl zutage kommen. Daß sich in dieser Zahl auch wirklich überzeugte Anhänger, welchen die Beibehaltung der Schwurgerichte als eine vaterländische Angelegenheit am Herzen liegt, befinden werden, soll gewiß nicht in Zweifel gezogen werden. Aber anderseits darf nicht unbeachtet bleiben, daß die Fachgenossen, wie die ihnen zu Gebote stehende Presse ergibt, in überwältigender Mehrheit auf der entgegengesetzten Seite stehen, und daß diesen, während die Verteidiger der Schwurgerichte hauptsächlich mit Schlagworten fechten, mehr sachliche Gründe zur Seite stehen.

Man muß sich auch nicht scheuen, es offen auszusprechen, daß in der Begeisterung, welche angeblich für die Schwurgerichte vorhanden ist, ein gutes Teil Parteianschauung und Parteibestrebung steckt, und zwar auf der Seite der linksliberalen Parteien. Die ihr gegenüberstehenden Mittelparteien und die Konservativen lassen als solche die Sache mehr an sich herankommen, während jene rührig sind und die Presse stark in Anspruch nehmen.

Es drängt sich die Frage auf, wie diese Erscheinung zu erklären ist. Man sollte denken, daß es bei Prüfung der Frage, in welcher Form die Laien im Strafverfahren am richtigsten zu verwenden seien, nur einen einzigen Maßstab geben könne, nämlich den der besten Garantie für eine einsichtige und gerechte Rechtspflege. Bei diesem Maßstabe können parteipolitische Rücksichten eigentlich unmöglich in Betracht kommen. Daß sie aber erwiesenermaßen dennoch dabei eine Rolle spielen, führt mit Notwendigkeit zu dem Ergebnis, daß ein anderer Maßstab von der Seite der Anhänger der Schwurgerichte angelegt wird.

Dieser andere Maßstab ist der Grad der Verantwortlichkeit, welche die Laien bei der einen und bei der anderen Organisation zu tragen haben.

Bei den Schwurgerichten ist diese Verantwortlichkeit fast gleich Null. Die Geschworenen entscheiden über die Schuldfrage in absoluter Selbständigkeit. Sie sind zwar durch die zu Beginn ihrer Tätigkeit erfolgende Eidesleistung, in der sie, ganz ebenso wie die Schöffen, versprechen, ihre Pflichten getreulich zu erfüllen und ihre Stimmen nach bestem Wissen und Gewissen abzugeben, gebunden;

aber die Auslegung der damit übernommenen Verpflichtungen ist ihnen ganz allein überlassen und wird nur beeinflußt durch das, was ihnen Staatsanwalt und Verteidiger in ihren Vorträgen darüber bemerken und was ihnen der Vorsitzende in seinem Schlußvortrage darüber zu eröffnen für nötig findet. Daß sie ihre Pflichten auch dann nicht erfüllen, wenn sie einen Angeklagten für nicht schuldig erklären, der nach den vorliegenden Beweisen hätte schuldig befunden werden müssen, wird ihnen nicht immer mit der erforderlichen Eindringlichkeit vorgehalten, und ihre eigene Einsicht führt nicht unbedingt von selbst dazu, daß darin eine Verletzung der Rechtspflege liegt.

Gründe für ihren Spruch, für den sich, obwohl das Gesetz diesen Ausdruck nicht kennt, die Bezeichnung „Wahrspruch" auffallenderweise einzubürgern sucht, haben die Geschworenen nicht anzugeben. Der Berufung unterliegt ihre Entscheidung nicht. Sie sind also in des Wortes vollster Bedeutung souverän. Und das ist es auch, was man für sie erstrebt, was sie so begehrenswert macht. Diese Souveränität, die man auch unbedenklich mit dem deutschen Worte Willkür vertauschen kann, hat sich zwar in Deutschland bisher noch nicht in der bedenklichen Häufigkeit gezeigt, wie in Frankreich, von wo wir die Einrichtung der Schwurgerichte erhalten haben; aber in einer Weise und einer Zahl, die doch zu denken gibt, ist sie schon in deutschen Schwurgerichten zutage getreten; so noch kürzlich in einem Falle, in dem ein des Totschlagsversuchs überführter, ja geständiger Angeklagter für nichtschuldig erklärt wurde. Die Geschworenen zeigen sich in solchen bedauerlichen Fällen als Feinde jeder Autorität, auch der des Gesetzes, ohne deren Anerkennung von einer Rechtsprechung nicht wohl die Rede sein kann. Die Verteidiger der Aufrechterhaltung der Schwurgerichte setzen sich dem Verdachte aus, daß sie einen solchen Nachteil nicht hoch genug anschlagen.

Wie anders stehen diesen Erscheinungen die Schöffengerichte gegenüber, d. h. nur die schöffengerichtliche Verfassung an sich, wie sie für die Landgerichte geplant ist; denn Erfahrungen sind auf diesem Gebiete ja noch nicht gemacht worden. Auch bei ihnen ist die Selbständigkeit der Laien garantiert. Kein Berufsrichter wird es je unternehmen, sie anzutasten, namentlich wenn das Zahlenverhältnis in der bisher befürworteten Art zur Geltung kommt. Aber an die Stelle der Unverantwortlichkeit tritt die Autorität des Gesetzes, von dessen Anwendung in der Begründung der Entscheidung Rechenschaft abgelegt werden muß. Das hierin sich äußernde Verantwortlichkeitsgefühl ist ein Schutz für die Rechtspflege, welche sowohl für als gegen den Angeklagten sich wirksam erweisen muß.

Ist sonach die absolute Unverantwortlichkeit, welcher von einigen Seiten ein hoher Wert beigemessen wird, nicht als ein wirklicher Vorzug der Schwurgerichte vor den Schöffengerichten anzuerkennen, so stehen anderseits den letzteren, welchen es an Selbständigkeit berechtigter Art durchaus nicht fehlt, wenn man den Einfluß der Laien in beiden Organisationen miteinander vergleicht, große Vorzüge zur Seite, welche sie über die Schwurgerichte erheben.

Die in diesen auftretenden Laien, die Geschworenen, erscheinen von vornherein als Richter zweiter Klasse. Niemand unter ihnen denkt daran, sich den Berufsrichtern, welche, abgesondert von ihnen, den Schwurgerichtshof bilden, ebenbürtig zu fühlen.

Gleich die ersten Akte nach Eröffnung der Sitzung sind wenig geeignet, ihre Stellung als eine angesehene zu kennzeichnen. Sie werden ganz ebenso wie die zur Sache geladenen Zeugen, um ihre Anwesenheit festzustellen, namentlich aufgerufen. Dann folgt womöglich eine Ansprache des Vorsitzenden, der sie über ihre Pflichten belehrt und sie ermahnt, ihr Amt gewissenhaft auszuüben.

Bei der Verhandlung der Sache selbst verhalten sie sich meist rein rezeptiv. Nur selten tritt infolge einer ganz erklärlichen Scheu bei der Beweisaufnahme ein einzelner Geschworener mit dem Antrage auf weitere Aufklärung eines Punktes hervor.

Bevor sie zur Entscheidung über die Fragen übergehen, auf deren Beantwortung sie beschränkt sind, und deren Fassung vorher nur sehr selten von ihnen beeinflußt wird, werden sie von dem Vorsitzenden über ihre Aufgabe in öffentlicher Sitzung in einer Weise belehrt, die auch bei der strengsten Gesetzlichkeit und bei der rücksichtsvollsten Form darüber keinen Zweifel übrig läßt, daß sie ohne solche Belehrung überhaupt nicht imstande sein würden, ihr Amt zu üben.

Wenn sie dann ihren Spruch gefällt haben, der zwar unter der Leitung eines von ihnen dazu erwählten Mitglieds zustande kommt, dessen Geeignetheit dazu aber in keiner Weise garantiert ist, so unterliegt dieser Spruch zunächst der Kontrolle des Gerichtshofes, der zur Berichtigung, ja unter Umständen zur Vernichtung führen kann und dem so ernsten und wichtigen Akte fast den Charakter eines Versuchs gibt, welcher mit einer zuweilen erkennbaren Unsicherheit in der Verkündung verbunden ist.

Wie ganz anders steht der Laie im Schöffengerichte. Er ist den Berufsrichtern völlig gleichgeachtet. Er fügt sich in das Kollegium ein, ohne daß irgend etwas auf eine Abstufung in diesem schließen läßt. Er ist in jedem Augenblicke in der Lage, ihm nicht hinreichend verständlich gewordene Ergebnisse der Verhandlung durch Rückfragen bei seinen Kollegen oder durch eigene, freimütig an die zu vernehmenden Personen zu stellende Fragen befriedigend festzustellen.

Er tritt nach Schluß der Verhandlungen mit den Berufsrichtern zur Beratung und Abstimmung zusammen, wobei er gerade so viel gilt wie diese. Dabei wird er bereitwillig ausgerüstet mit allem, was ihm fehlt und was er doch zur Wahrnehmung seines Amtes dringend bedarf. Das beschränkt sich nicht auf eine vielleicht nicht einmal richtig verstandene Belehrung, wie sie dem Geschworenen im Schlußvortrage des Vorsitzenden zuteil wird, sondern wiederholt sich anstandslos, so oft ein Bedürfnis dafür hervortritt.

Wenn man diese Verschiedenheiten in der Stellung und in der Tätigkeit der Laien in den Schöffengerichten und in den Schwurgerichten miteinander vergleicht, so wird man es nicht für eine leere Phantasie ansehen, daß bald nach Einführung der Schöffengerichte an Stelle der jetzigen Strafkammern die Geschworenen mit Beklemmung und einem gewissen Neide an den höher eingeschätzten und in mehr befriedigender Weise tätigen Schöffen hinaufsehen werden. Vielleicht erfolgt dann auf diese Weise noch einmal ein Gesundungsprozeß, der unserem Volke für immer ein nicht nur volkstümliches, sondern auch vertrauenswürdiges Gericht für die schwersten Straftaten verschafft.

Fast noch mehr wie die geringe Stichhaltigkeit der Gründe in dem Vorschlage der Regierung, die Schwurgerichte auch künftig beizubehalten, überrascht die Art und Weise, wie der entgegengesetzte Vorschlag der von ihr eingesetzt gewesenen Kommission beiseite geschoben wird.

Die Regierung beruft eine Kommission von Sachverständigen; denn so darf man sie nach ihren oben näher angegebenen Elementen doch wohl unbedenklich bezeichnen. Diese Kommission ist nicht in tendenziöer Weise, sondern, wie allgemein anerkannt wird, aus tüchtigen, teils dem reinen Gelehrten-, teils dem Stande der juristischen Praktiker angehörenden Männern zusammengesetzt. Ihr wird keinerlei Direktive erteilt, sondern ihr ganz allgemein die Aufgabe übertragen, die Strafprozeßreform vorzubereiten. Nach hingebender, mehr als einjähriger Arbeit tritt diese Kommission mit dem Vorschlage hervor, an die Stelle der bisherigen Schwurgerichte große Schöffengerichte treten zu lassen. Nun hätte man doch denken sollen, daß es einen bedeutungsvolleren Ausspruch über den Wert dieser sich einander gegenüberstehenden Einrichtungen nicht geben könnte, und daß die Regierung nunmehr, alle früheren Zweifel niederkämpfend, der Kommission darin hätte folgen müssen. Aber das Gegenteil geschieht. Die Regierung stellt sich auf die Seite der Anhänger der Schwurgerichte und weiß gegen jene Kommission nichts weiter vorzubringen als die Behauptung, es habe sich für sie hauptsächlich um die einheitliche Durchführung des Gedankens gehandelt, die Laien als Schöffen zu verwerten.

Diese Behauptung entspricht nicht den Tatsachen. Die aus 18 Mitgliedern bestehende Kommission hat in zwei Lesungen über die Frage beraten, ob es angezeigt sei, die Schwurgerichte beizubehalten oder sie durch Schöffengerichte zu ersetzen. Am Schluß der ersten Lesung ist den Schöffengerichten mit 17 Stimmen, am Schluß der zweiten Lesung aber einstimmig der Vorzug eingeräumt (vgl. Protokolle der Kommission Bd. I S. 384ff., Bd. II S. 1). Bei der zweiten Lesung sind die nämlichen Gründe zur Geltung gebracht, die schon bei der ersten Lesung bestimmend gewesen waren.

Allerdings hat in der Kommission Übereinstimmung darüber geherrscht, daß bei einer Reform des Gesetzes in erster Linie die Prinziplosigkeit im bisherigen Aufbau der Strafgerichte beseitigt werden müsse, da der gegenwärtige Rechtszustand sich nur aus äußerlichen Gründen als ein Kompromiß zwischen den beiden sich entgegenstehenden Ansichten, logisch aber überhaupt nicht rechtfertigen lasse. Ja, man ist konsequenterweise sogar dazu übergegangen, den Satz aufzustellen, daß man die Laien entweder zu allen Strafprozessen heranziehen oder von allen Strafgerichten ausschließen müsse. Darin liegt freilich eine starke Betonung der Notwendigkeit einheitlicher Regelung.

Dann aber sind die Vorzüge der Mitwirkung der Laien in der Strafrechtspflege eingehend erörtert. Zum Teil ist dies in dem Sinne größerer Leistungsfähigkeit der mit Laien besetzten Gerichte geschehen, dem keineswegs beigepflichtet werden kann, wie dies schon bei der ersten Prüfung dieser Frage im vorstehenden rückhaltlos dargelegt worden ist. Aber aus diesen Erwägungen hat die Kommission dann den Schluß gezogen, daß alles unabweislich zum System des Schöffengerichts auf allen Stufen der Strafgerichtsbarkeit hinführen müsse. Hier allein kämen die hervorgehobenen Vorzüge der Beteiligung des Laienelements in vollem Umfange zur Geltung. Der Vorzug liege in dem gegenseitigen Gedankenaustausch und in dem vertrauensvollen Zusammenwirken beider Elemente bei der gesamten Urteilsfindung.

Diese schwerwiegenden und in sich überzeugenden Gründe hat die Kommission noch verstärkt durch Mitteilungen über die bisher auf dem Gebiete der Wirksamkeit der Schöffengerichte gemachten befriedigenden Erfahrungen, die alle hier zu wiederholen zu weit führen würde, die aber im Bd. I der oben angeführten Protokolle S. 387f. ausführlich sich verzeichnet finden.

Daran schließt sich dann das, wie oben bemerkt, in zweiter Lesung einstimmig gebilligte Gutachten, daß es geboten sei, die Schwurgerichte zu verbessern durch Herstellung einer organischen Verbindung zwischen gelehrten Richtern und Laien in einem einzigen Richterkollegium.

Liegt darin wirklich nichts weiter begründet, als das Verlangen der einheitlichen Durchführung einer der Kommission vorschwebenden Organisation?

War die Regierung berechtigt, den wohlerwogenen und vertretenen Vorschlag in dieser geringschätzigen, den Vorwurf engherziger Pedanterie nur schlecht verhehlenden Weise abzutun? Mußte sie nicht, wenn die von der Kommission angeführten sachlichen Gründe ihr nicht zusagten, wenigstens diese anführen und ihre Widerlegung unternehmen? Hat sie nicht die ganze Maßregel der Einsetzung der Kommission durch diese Behandlung der Sache nachträglich desavouiert? Wäre es nicht richtiger gewesen, den Vorschlag der Kommission, dem nichts weiter entgegengestellt werden konnte als die oben erwähnten Schlagworte von mehr als zweifelhaftem Werte, sich zunächst anzueignen und es dem Reichstage zu überlassen, sich über die Frage schlüssig zu machen? Konnte die Frist bis dahin nicht benutzt werden, um durch die der Regierung zur Verfügung stehende Presse im Sinne der Kommission weiter aufklärend zu wirken? Weshalb mußte die Flinte gleich ins Korn geworfen werden? Denn darauf läuft es hinaus, was jetzt geschehen ist, da man kaum im Zweifel darüber ist, daß auf seiten der Bundesregierungen Sympathie für den Vorschlag der Kommission sich geltend gemacht hat.

Sich bei dem Reichstage eine Absage zu holen, war für die Regierung kein schimpfliches Ergebnis und leider auch nicht als unerhört zu betrachten. Es wäre dann auch für die Zukunft festgestellt worden, daß es zwar ernstlich unternommen worden sei, eine Verbesserung der Organisation der Strafgerichte herbeizuführen, welche auf den entschiedenen Beifall der am meisten sachkundigen Personen rechnen konnte, daß der Reichstag dies aber vereitelt und abermals eine Einrichtung sanktioniert habe, gegen welche sich vom Standpunkte der Gerechtigkeitspflege die begründetsten Einwendungen erheben lassen.

Was in betreff der Organisation — von dem Verfahren soll später gesprochen werden — dieser sonach wieder in Frage kommenden Schwurgerichte in dem Entwurfe des die Änderung der Gerichtsverfassung bezweckenden Gesetzes neu ist, bezieht sich auf die Geschworenen, die mit den Schöffen für die Amts- und Landgerichte tunlichst auf die nämliche Stufe gestellt sind.

Erwähnenswert ist daran besonders die schon im vorstehenden berührte, im § 118⁷ vorgeschlagene Entschädigung der Schöffen und Geschworenen für Reisekosten und Versäumnis, welche Neuerung freudig begrüßt werden muß. Ferner, daß im § 118³⁴ die Zahl der zu einer Sitzungsperiode des Schwurgerichts einzuberufenden Geschworenen, welche jetzt dreißig beträgt, auf zweiundzwanzig ermäßigt wird, was gleichfalls als eine zutreffendere Einschätzung des Bedürfnisses anzuerkennen ist.

Unter den aufrecht erhaltenen früheren Bestimmungen über die Berufung der Schöffen und Geschworenen sind jedoch solche, welche sich in der Praxis nicht bewährt haben und rücksichtlich welcher daher wohl eine Änderung eine gewisse Berechtigung haben dürfte. Das sind die Bestimmungen in den §§ 118[9, 10, 12, 13 u. 14], in welchen die Art und Weise geregelt ist, in der die Grundlage für die Wahl der Schöffen und Geschworenen gewonnen und diese Wahl selbst vorgenommen wird.

Daß zunächst gemeindeweise Urlisten dafür aufgestellt werden sollen, ist zweifellos absolut nötig. Aber der Weg, der maßgebend sein soll, um die Vollständigkeit dieser Listen, die Gewißheit, daß alle für das Schöffenamt verfügbaren Personen darin aufgeführt seien, festzustellen, liefert kein sicheres Ergebnis. Dafür soll allein die Tatsache entscheiden, daß innerhalb der festgesetzten Frist gegen die öffentlich ausgelegten Listen keine Einsprache erhoben worden sei. Aber dieser Schluß ist unberechtigt. Für den eventuellen Verlust von Befugnissen der einzelnen kann man solche Präjudize wohl aufstellen, nicht aber für die objektive Richtigkeit eines Zustandes, welcher für die Justizverwaltung, die ihr Laienelement muß übersehen können, doch von erheblichem Interesse ist. Es wird sich daher empfehlen, die Vollständigkeit der Urlisten anderweitig einer Kontrolle zu unterziehen, wozu sich die den Gemeinden zunächst übergeordneten staatlichen Verwaltungsorgane wohl am besten eignen werden.

Daß ein dann weiter im Entwurfe vorgeschlagener, aus Vertrauensmännern und einem Staatsverwaltungsbeamten bestehender Ausschuß, welchem der Amtsrichter des Bezirks vorsitzt, auch künftig, wie schon bisher, die Wahl vornehmen soll, nachdem er über die etwaigen Einsprachen gegen die Urlisten entschieden hat, ist auch gewiß ein ansprechender Gedanke. Aber das Verfahren, welches bei diesem Ausschusse eingeschlagen werden soll, ist nicht näher geregelt; und da es erfahrungsmäßig etwas tumultuarisch zuweilen dort zugeht, wobei die Interessen der Rechtspflege nicht genügend gewahrt werden, so scheint es empfehlenswert, entweder im Gesetze selbst oder im Wege der Dienstanweisung, der bei dieser Justizverwaltungssache wohl gangbar ist, in der Weise für größere Garantien zu sorgen, daß man diesem Ausschuß eine gewisse Geschäftsordnung gibt. Denn es kann hier bezeugt werden, daß bei einzelnen Amtsgerichten, bei denen nebeneinander ein städtischer und ein ländlicher Bezirk beteiligt sind, eine itio in partes stattfindet; daß die ländlichen Vertrauensmänner ebenso wie die städtischen für sich eine Auswahl treffen, welche sie dann dem Amtsrichter, der fast nur als beurkundender Beamter dabei in Frage kommt, vorlegen. Das will das Gesetz zweifellos nicht, aber es fehlt an einer Bestimmung, welche ein so unsachgemäß vor sich gehendes Verfahren hindert.

III. Die künftigen Gerichte zweiter Instanz.

1. Allgemeines hierüber.

Das zurzeit geltende Strafprozeßrecht kennt eine Berufung nur gegen die Urteile der Schöffengerichte. Die Urteile der Strafkammern und der Schwurgerichte unterliegen, von der Wiederaufnahme des Verfahrens, welche die Beseitigung eines schon rechtskräftigen, vollstreckbaren, ja schon vollstreckten Urteils zum Gegenstande hat, abgesehen, lediglich dem Rechtsmittel der Revision, das nur auf eine Verletzung des Gesetzes gestützt werden, ohne solche aber eine erneute Prüfung der Sache nicht herbeiführen kann.

Diese Beschränkung der Berufung schließt auf seiten der gesetzgebenden Gewalt keinen Mangel an Gerechtigkeitssinn, der es dem verurteilten Angeklagten nicht zugestehen wollte, seine Verteidigung bis zur Erschöpfung der ihm dafür zu Gebote stehenden Mittel fortzusetzen, in sich, sondern beruhte auf einem wohldurchdachten Gedanken, der nicht ohne weiteres verwerflich erscheint.

Man glaubte die Entscheidungen der Gerichte erster Instanz mit vollkommen ausreichenden Garantien für eine gerechte Würdigung der ganzen Sache umgeben zu haben und hielt dafür, daß das auf Grund einer mündlichen Verhandlung gewonnene Ergebnis deshalb nicht in Frage gestellt werden könne, weil diese eine gleichwertige Wiederholung kaum zulasse, daß aber jedenfalls im Falle einer solchen und der Erlangung eines abweichenden Ergebnisses die erste Entscheidung nicht ohne weiteres als eine weniger zutreffende angesehen werden könne.

Von dieser Auffassung, die eigentlich zum völligen Ausschluß der Berufung hätte führen müssen, machte man bei den Urteilen der Schöffengerichte wohl nur deshalb eine Ausnahme, weil man in diesen sich einer noch nicht erprobten, völlig neuen Einrichtung gegenüber sah und es für geboten hielt, die Entscheidungen dieser in der Mehrzahl mit Laien besetzten Gerichte, denen man noch nicht ganz traute, der Prüfung durch ein höheres Gericht auch in betreff der tatsächlichen Grundlage zu unterwerfen. So ist es gekommen, daß ein Angeklagter, der sich durch seine Verurteilung zu einer leichten Strafe durch das Schöffengericht beschwert erachtet, schrankenlos die höhere Instanz anrufen kann; ein durch eine Strafkammer oder ein Schwurgericht zu schwerer Strafe verurteilter Angeklagter aber, abgesehen von der Verletzung des Gesetzes, die er mit der Revision anfechten kann, sich bei seiner Verurteilung beruhigen muß.

Dies ist schon lange als ein Mißstand empfunden und hat, wie oben hervorgehoben worden ist, die erste Anregung zu einer Reform des Strafverfahrens überhaupt gegeben. Die Regierung hat sich dem allgemeinen Verlangen nicht länger widersetzen können und sich deshalb entschlossen das Rechtsmittel der Berufung über das bisherige Maß hinaus zu gewähren. Daran ist überhaupt nicht mehr zu rütteln, auch wenn man dem Gesichtspunkte an sich zustimmt, welcher für die frühere Beschränkung bestimmend gewesen ist. Von allem sonst abgesehen, drängt schon die Notwendigkeit, eine in einem Straffalle etwa erkannte unverhältnismäßig hohe Strafe ermäßigen zu können, was im Wege der Revision nicht möglich ist, zu einer solchen Einrichtung.

Aber nur gegen die Urteile der Amtsgerichte und der Landgerichte in erster Instanz, also der Strafkammern, wird die Berufung zugelassen. Die Urteile der Schwurgerichte sind davon ausgenommen, weil auf sie das Rechtsmittel nicht recht anwendbar sein soll. Das ist ein neuer, und zwar ein sehr schwerwiegender, Übelstand, den man gegen die Schwurgerichte hier noch geltend machen kann. Wenn es sich um die von den Amtsgerichten und Strafkammern, welche in der Besetzung von Berufsrichtern und

Laien entscheiden, wegen Vergehen oder Verbrechen erkannten Strafen handelt, dann soll dem Angeklagten künftig das Recht zustehen, durch Erhebung der Berufung eine neue Prüfung der tatsächlichen Feststellungen und aller sonstigen ihn etwa beschwerenden Teile der Entscheidung herbeizuführen. Das hält man für so wichtig, daß man alle in der Organisation der Gerichte vorhandenen Schwierigkeiten überwindet, um jenes Recht zu begründen und befriedigend auszustatten. Wenn aber eine Entscheidung in Frage ist, die von einem Schwurgerichte stammt, in welcher weit schwerere Strafen festgesetzt sein können, dann muß jenes Bedürfnis schweigen, weil die tatsächliche Feststellung, die dem Urteile zugrunde liegt, durch den Spruch von Geschworenen erfolgt ist, den man einer Nachprüfung glaubt nicht unterwerfen zu können. Und doch ist es über allen Zweifel erhaben, daß diese Sprüche dem Irrtum mindestens ebenso unterworfen sind als die Entscheidungen der Richter in den Amtsgerichten und den Strafkammern.

Dieser Satz wirkt nach zwei Seiten nachteilig: einmal entzieht er den Angeklagten auch die Möglichkeit, den Teil der schwurgerichtlichen Urteile anzufechten, der mit der Feststellung der Tatsachen nicht notwendig zusammenhängt, wie die Festsetzung der Strafe, und sodann verleiht eine solche Ausnahmestellung diesen Urteilen eine hervorragende Bedeutung, auf welche sie im Hinblick auf die Art des Zustandekommens keinen Anspruch haben.

Statt sich dabei zu beruhigen, daß man gegen die Urteile der Schwurgerichte keine Berufung gewähren könne und dies gewissermaßen als ein Verhängnis hinzunehmen, dem man sich beugen müsse, hätte man sagen sollen: Die Berufung gegen die Urteile der Strafgerichte ist im Hinblick auf die überall möglichen und erfahrungsmäßig vorkommenden Irrtümer im Interesse der Gerechtigkeit unentbehrlich; die Einrichtung der Schwurgerichte gestattet ihrem Wesen nach nicht die Anwendbarkeit dieses unentbehrlichen Rechtsmittels; daraus folgt, daß die Schwurgerichte nicht als eine den Anforderungen der Gerechtigkeit entsprechende Art der Strafjustiz anerkannt werden können, sondern durch Schöffengerichte ersetzt werden müssen, welchen eine Berufungsinstanz übergeordnet werden kann.

Daß man dies nicht getan, sondern leichten Herzens diesen schweren Mißstand hingenommen und die Schwurgerichte beibehalten hat, ist schwer verständlich.

2. Die Berufungsinstanz und die bestehende allgemeine Gerichtsorganisation.

Wenn nun auch die Ausdehnung der Berufung auf die Urteile der Strafkammern nicht mehr als eine offene Frage angesehen werden kann, sondern nach Erledigung aller früheren Versuche, sie zu umgehen, jetzt als abgeschlossen gelten darf, so trifft dies doch nicht zu in betreff der weiteren Einrichtung der künftigen Berufungsinstanz, und zwar weder bei der Frage, wie diese in die bestehende allgemeine Gerichtsorganisation einzufügen, noch wie die Besetzung der Berufungsgerichte weiter zu regeln sei.

Von jener Frage soll hier zunächst die Rede sein.

Zwar darüber, daß die Berufung gegen die Urteile der Amtsgerichte beiderlei Gestalt, mit und ohne Schöffen, an die Strafkammern der Landgerichte gehen müsse, war, von einem bald zurückgezogenen Antrage in der Strafprozeßkommission abgesehen, welcher diese Instanz bei dem Amtsgerichte selbst etablieren wollte, wohl niemals ernstlich ein Zweifel vorhanden. Es kann daher, ohne auf die dafür geltend gemachten Gründe näher einzugehen, diese von dem Gesetzentwurfe vorgeschlagene Einrichtung hier einfach akzeptiert werden.

Aber in betreff der Berufung gegen die Urteile der Strafkammern liegt die Sache anders. Bei Prüfung der Frage, wie diese Instanz am richtigsten zu regeln sei, hat sich die Kommission mit mehreren von einander abweichenden Anträgen beschäftigen müssen. Zum Teil gingen diese dahin, die Oberlandesgerichte dafür auszuersehen; zum Teil erstrebten sie die Zusammenlegung benachbarter Landgerichtsbezirke zu einem Berufungsbezirke im Wege der Landesgesetzgebung; zum Teil endlich traten sie dafür ein, die Berufungsinstanz bei den Landgerichten selbst zu bilden. Dieser Vorschlag ist endlich von der Kommission mit großer Mehrheit angenommen worden, und die Regierung hat sich ihm angeschlossen.

Sie macht in der Begründung des Gesetzentwurfs zu dem Ende geltend, daß für die Beurteilung dieser Frage hauptsächlich das praktische Bedürfnis, namentlich die Herbeiführung der sichersten Gewähr für sachgemäße Durchführung des Verfahrens bestimmend sein müsse; daß insbesondere der Grundsatz der Mündlichkeit und Unmittelbarkeit des Verfahrens, welcher in erster Instanz alles beherrscht, auch für die Berufungsinstanz rein zur Anwendung kommen müsse, daß dies aber, wenn man die Berufungsinstanz bei den Oberlandesgerichtsbezirken bilde — der Vorschlag einer landesgesetzlichen Regelung ist entschieden beiseite geschoben — mit Rücksicht auf die dann in Frage kommenden großen Entfernungen unausführbar sei, weil dann die Vernehmung der Zeugen vielfach durch Verlesung ihrer anderweitig zustande gekommenen Aussagen ersetzt werden müsse; endlich, daß eine solche Einrichtung auch mit erheblichen Opfern der Beteiligten an Zeit und Geld unvermeidlich verbunden sein werde.

Die Regierung kommt daher zu einem Ausweg. Sie will die Berufungsgerichte in der Weise herstellen, daß sie zwar schon nach ihrer äußeren Stellung eine erhöhte Autorität besitzen, wodurch einem berechtigten und dem Volksbewußtsein entsprechenden Gedanken Rechnung getragen werde; daß aber zugleich dem durch die praktischen Verhältnisse gebotenen Bedürfnisse Rechnung getragen werde, den Berufungsgerichten keine zu große Ausdehnung zu geben.

Demgemäß schlägt sie vor, die Berufungsgerichte den Landgerichten anzugliedern und bezeichnet eine Reihe von Einrichtungen, welche dazu dienen sollen, die von ihr erstrebte größere Autorität zu begründen.

Daß sich die Regierung zu der Angliederung an die Landgerichte entschlossen hat, ist, da man allen von ihr dafür angeführten, offen zutage liegenden Gründen zustimmen muß, freudig zu begrüßen. Die große allgemeine Gerichtsorganisation, auf welcher die Oberlandesgerichte mit beruhen, ist eine Einrichtung von so eminenter Bedeutung, daß sie nicht ohne erhebliche Störungen und Nachteile einer eingreifenden Änderung unterzogen werden kann, und ohne solche würde es in der Tat unmöglich sein, die Verhandlung über die vorkommenden Berufungen nach dem Grundsatze der Mündlichkeit und Unmittelbarkeit bei den Oberlandesgerichten zu sichern.

Darüber, ob auch die weiteren Vorschläge der Regierung Beifall verdienen, soll in dem folgenden Abschnitte gesprochen werden.

3. Die Besetzung der Berufungsgerichte.

Die Strafprozeßkommission hatte vorgeschlagen, daß entscheiden sollen über die Berufung:

a) gegen die Urteile des Amtsrichters in Übertretungssachen: Schöffengerichte in der Besetzung von einem Landrichter und zwei Schöffen (sogenannte kleine Schöffenberufungsgerichte);

b) gegen die Urteile des Amtsrichters, soweit es sich nicht um Übertretungen handele, und gegen die Urteile der kleinen Schöffengerichte bei den Amtsgerichten: mittlere Schöffengerichte (Strafkammern) in der Besetzung von drei Richtern und vier Schöffen;

c) gegen die Urteile der mittleren Schöffengerichte (Strafkammern): große Schöffengerichte in der Besetzung von drei Richtern und sechs Schöffen.

Diesen Vorschlägen ist die Regierung nicht gefolgt. Von der Zuziehung des Laienelements zu den Berufungsgerichten ist ganz abgesehen worden.

Die Strafkammer, welche über die in erster Instanz von den Amtsgerichten mit und ohne Schöffen erlassenen Urteile als Berufungsinstanz entscheiden soll, ist demgemäß, ganz wie bisher, mit drei Berufsrichtern besetzt.

Die Berufungsgerichte aber, vor welchen künftig die Berufungen gegen die Urteile der Strafkammern erster Instanz zu verhandeln sind, werden einschließlich des Vorsitzenden mit fünf Berufsrichtern besetzt. Sie sollen im Gegensatz zu den Abteilungen des Landgerichts, die in erster Instanz erkennen und Kammern heißen, die Bezeichnung Berufungssenate erhalten. Den Vorsitz in diesen Senaten soll regelmäßig der Präsident des betr. Landgerichts übernehmen. Im Falle der Behinderung dieses soll durch den Präsidenten des vorgesetzten Oberlandesgerichts für die Dauer eines Geschäftsjahres ein Senatspräsident oder Rat dieses Oberlandesgerichts oder ein Direktor des Landgerichts bestellt werden. Die vier beisitzenden Richter müssen ständige Richter und dürfen nicht Mitglieder der Strafkammer sein, welche in erster Instanz zu erkennen hat.

Zur Begründung dieser Vorschläge bringt die Regierung vor, der wesentliche Vorzug der Beteiligung von Laien in der Rechtspflege werde schon durch ihre Mitwirkung in der ersten Instanz gesichert, wo sie ihre Aufgabe, zur Aufklärung und gründlichen Behandlung des Falles beizutragen, bereits erfüllt hätten; für die Tätigkeit des Berufungsgerichts, die auch im Falle der Erneuerung der Beweiserhebungen immer eine gewisse Nachprüfung der rechtlichen Auffassung des ersten Gerichts in sich schließe, seien Laien weniger geeignet.

Sie exemplifiziert dann, daß auch jetzt die Berufung von Schöffengerichten an die Strafkammern, von Gewerbe- und Kaufmannsgerichten an die Zivilkammern, von Kammern für Handelssachen an die Oberlandesgerichte gehe, und daß man bei dieser Ordnung der Zuständigkeit von gleichen Grundsätzen ausgegangen sei. Sie beruft sich dafür sogar auf die Gesetzgebung des Auslandes, insbesondere Englands.

Schließlich aber macht sie geltend, daß das nötige Material an Schöffen für eine Besetzung des Berufungsgerichts mit Laien nicht vorhanden sei.

Wenn man berücksichtigt, was über den eigentlichen Wert der Laienelemente in den Strafgerichten in diesen Ausführungen oben bemerkt worden ist, so wird man es nicht überraschend finden, wenn die Entschließung der Regierung, die Laien von den Berufungsgerichten ganz auszuschließen, bedauert und den dafür geltend gemachten Gründen hier nicht zugestimmt wird.

Daß in der Berufungsinstanz die Tätigkeit des Gerichts immer eine gewisse Nachprüfung der rechtlichen Auffassung des ersten Gerichts in sich schließe, ist zweifellos richtig. Aber jedermann weiß, daß mit Rücksicht auf die Gestaltung unseres Strafrechts die Herstellung der Merkmale der im Gesetze vorgesehenen Straftaten aus den als erwiesen erachteten Tatsachen regelmäßig keine Schwierigkeiten bietet, und daß das Verlangen, welches die Angeklagten an die Berufungsgerichte stellen, fast ausnahmslos dahin geht, den vom ersten Richter als geführt angesehenen Schuldbeweis anders zu beurteilen oder die erkannte Strafe abzuändern. In den Fällen, in welchen ausnahmsweise die rechtliche Konstruktion des Urteils angefochten wird, werden die Laien in der Berufungsinstanz ebenso gut von den neben ihnen amtierenden Berufsrichtern beraten werden, wie dies in der ersten Instanz immer wird geschehen müssen. Ein Gesetzgeber, welcher sogar die schwierigsten Fragen dieser Art ohne jede Nachprüfung den auf sich selbst angewiesenen Geschworenen überlassen will, kann jenen Grund gegen die Zuziehung der Laien zu den Berufungsgerichten nicht wohl geltend machen.

Die Exemplifikation auf die bisherige Gestaltung der Berufung bei Laiengerichten verschiedener Art muß daran scheitern, daß es sich hier überhaupt um eine neue Einrichtung handelt, für die man Vorgänge nicht wohl geltend machen kann. Insbesondere aber darf man das Ausland dafür nicht ins Feld führen. Wenn man auch in Deutschland vielleicht nur zu sehr geneigt ist, den Einrichtungen des Auslandes Wert beizumessen, so ist dies doch jedenfalls nur dann angezeigt, wenn es sich um dort bewährte Dinge handelt, nicht aber schon dann, wenn dort etwas noch nicht zur Anwendung gelangt ist, was man hier erst einführen will.

Ja, wenn es wirklich richtig sein sollte, daß das zur Besetzung der Berufungsgerichte mit Laien erforderliche Material nicht in genügender Menge vorhanden sei, dann müßte der Gedanke an eine solche Organisation freilich aufgegeben werden. Aber diesem Einwande kann kein großes Vertrauen entgegengebracht werden. Er ist in allen Stadien der Reformbestrebungen hervorgeholt worden, um die Laiengerichte zu bekämpfen. Wie kommt es, daß man ihn erst in letzter Linie geltend macht? Gibt es wirklich auch bei der sorgfältigsten Ausmittelung aller zum Schöffenamte geeigneten Personen, die ja nicht auf bestimmte höhere Lebenskreise beschränkt sein sollen und denen künftig nicht mehr zugemutet werden wird, den unvermeidlichen Aufwand ihres Amtes selbst zu tragen, nicht die erforderliche Zahl, um auch Berufungsgerichte mit ihnen zu besetzen, dann wäre es doch wohl richtig gewesen, sich auf diesen Mangel allein zu beschränken oder ihn doch allen anderen, dann nur eventuell in Betracht kommenden Hindernissen voranzustellen.

Daß man das nicht getan hat, verstärkt die Vermutung, daß er als zutreffend nicht anzuerkennen ist.

Dabei darf doch auch in Betracht gezogen werden, daß nach dem Stande des deutschen Volksschulwesens und der höheren Lehranstalten alljährlich der Bestand an geeigneten Personen sich erheblich vermehren muß, auch wenn man nicht in den Fehler verfällt, die Grenzen gar zu weit zu stecken, was zu einer nicht zu wünschenden Demokratisierung der Schöffen führen müßte.

Bildet der Mangel an verwendbaren Schöffen aber kein Hindernis, um neben den Gerichten erster Instanz auch die Berufungsgerichte mit Laien zu besetzen, so darf unbedenklich geltend gemacht werden, daß es ein Gewinn sein und nicht ein pedantisches Haften am Prinzip bedeuten würde, wenn sie auch hier zur Mitwirkung berufen würden. Es scheint doch in der Natur der Sache begründet zu sein, wenn man die Gerichte, welche, von der Revision abgesehen, die letzte Entscheidung in einer Strafsache abzugeben haben, so konstruiert, daß sie mindestens das nämliche Ansehen und Vertrauen genießen wie die Gerichte erster Instanz. Das wird nicht erreicht, wenn man die Laien, welche man für diese als erforderlich ansieht, bei jenen ausschließt. Es wird dann dem Argwohn Raum gegeben, daß in den Berufungsgerichten nicht sowohl eine weitere sachliche Prüfung geboten, als vielmehr eine Korrektur der Laienjustiz erstrebt werde; und das wird sorgfältig zu vermeiden sein. Ein Angeklagter, dessen Berufung von dem nur aus Berufsrichtern zusammengesetzten Gerichte zurückgewiesen ist, wird den Grund hierfür leicht in dem Umstande zu suchen geneigt sein, daß es an der Mitwirkung von Laien bei der Entscheidung gefehlt habe. Aber in noch höherem Grade ist diese Gefahr begründet, wenn ein in erster Instanz freigesprochener Angeklagter auf die Berufung der Staatsanwaltschaft von dem Gerichte zweiter Instanz verurteilt wird.

Wenn sonach alles dafür zu sprechen scheint, die Laien auch für die Berufungsgerichte heranzuziehen, so soll hier doch nicht unbedingt der Zusammensetzung dieser Gerichte das Wort geredet werden, welche die Kommission vorgeschlagen hat. Diese scheint ohne Not reichlich kompliziert zu sein. Ein Bedürfnis, bei der Berufung gegen die Urteile der Amtsgerichte zunächst noch zu unterscheiden, ob sie von dem Amtsrichter allein oder von diesem unter Mitwirkung von Schöffen abgegeben seien, und ob es sich bei jenen nur um Übertretungen gehandelt habe, wie die Kommission wollte, kann nicht anerkannt werden. Es erscheint vielmehr natürlich, sie unterschiedslos einer Strafkammer von der nämlichen Besetzung zuzuweisen, wie sie für die dieser in erster Instanz zustehenden Sachen gebildet wird, und für welche in diesen Ausführungen eine Besetzung mit einem Berufsrichter und vier Laien befürwortet ist.

Auch der Apparat, welcher von der Kommission für die Gerichte in Vorschlag gebracht ist, welche über die Berufung gegen die Urteile der Strafkammern entscheiden sollen und in der Besetzung von drei Berufsrichtern und sechs Schöffen bestehen soll, dürfte über das Bedürfnis hinausgehen. Eine bloße Steigerung der Zahl von Laien ist hier freilich vielleicht nicht das richtige Mittel, vielmehr kann es sich hier empfehlen, bei Festhaltung der Zahl in der Besetzung mit Schöffen die Zahl der Berufsrichter zu vermehren und vier Laien drei gelehrte Richter gegenüberzustellen.

Es erübrigt, noch etwas für den Fall zu sagen, daß bei der Verabschiedung der Gesetzesvorlage, dem Willen der Regierung entsprechend, die Laien von den Berufungsgerichten ausgeschlossen werden sollten. Die für diesen Fall vorgeschlagene Besetzung der Berufungsgerichte erscheint zweckmäßig und ansprechend, sowohl bei den Berufungen gegen die Urteile der Amtsgerichte als bei denen gegen die Urteile der Strafkammern.

Ob es gerade sehr wertvoll sein wird, die Gerichte, welche über die Berufungen gegen die Urteile der Strafkammern entscheiden sollen, „Senate" zu nennen, eine Bezeichnung, die an sich nur höheren Gerichten eigen ist, muß als zweifelhaft bezeichnet werden. Solche Bezeichnungen begründen am Ende doch an sich noch kein höheres Ansehen, sondern erscheinen leicht als eine angemaßte Würde, der es an dem erforderlichen Hintergrunde fehlt, als eine Begünstigung des Scheins, was nachteilig wirken könnte. Warum sollen diese Abteilungen nicht, wie es früher bei den rheinischen und hannoverschen Gerichten der Fall war, Berufungs-(Appell-) Kammern heißen?

Auch die Bestimmung des Vorsitzenden für diese Gerichte erscheint nicht durchweg befriedigend. Worauf es allein ankommt, ist doch, daß der Richter, welcher mit dem Vorsitze betraut wird, dazu vollkommen geeignet ist. Das kann gewiß in vielen Fällen der Präsident des Landgerichts sein, aber eine Garantie dafür kann das Gesetz nicht übernehmen. Die Vorzüge, welche diesen in sein Amt gebracht haben, liegen vielleicht auf anderem Gebiete als auf dem des Vorsitzes in Strafsachen. Auch daß es ein Senatspräsident oder ein Rat des Oberlandesgerichts oder ein Landgerichtsdirektor durchaus sein müßte, ist nicht abzusehen. Man überlasse die Ernennung, wie beim Vorsitze in Schwurgerichtssachen, lediglich dem Präsidenten des Oberlandesgerichts, welcher die am meisten dafür geeigneten Richter schon zu finden wissen und schon von selbst nicht auf solche von geringer Erfahrung greifen wird.

IV. Öffentlichkeit und Sitzungspolizei.

1. Öffentlichkeit.

Der im jetzt geltenden Rechte ausgesprochene Satz, daß die Verhandlung vor dem erkennenden Gerichte, einschließlich der Verkündung der Urteile und Beschlüsse desselben, öffentlich zu erfolgen habe, welcher sich gleichmäßig auf das Verfahren in Zivilprozessen und in Strafprozessen bezieht, ist in dem jetzt vorliegenden Gesetzentwurfe unverändert geblieben.

Dagegen hat die im bisherigen Rechte nur für den Fall einer Gefährdung der öffentlichen Ordnung, insbesondere der Staatssicherheit, oder der Sittlichkeit zugelassene Ausnahme im § 172[1] des Entwurfs dahin eine Erweiterung erfahren, daß nach freiem Ermessen des Gerichts in Strafsachen die Öffentlichkeit ausgeschlossen werden könne, wenn das Verfahren sich gegen einen Jugendlichen richte; desgleichen, wenn das Verfahren eines der im Strafgesetzbuch vorgesehenen Vergehen der Beleidigung betreffe und einer der Beteiligten die Ausschließung beantrage.

Ferner ist im § 175[1] des Entwurfs gegenüber dem Satze, daß die Verkündung des Urteils öffentlich zu erfolgen habe, für die Verkündung der Urteilsgründe die Ausnahme dahin zugelassen, daß sie, soweit für die Verhandlung die Öffentlichkeit ausgeschlossen war, durch einen besonderen Beschluß ohne vorgängige weitere Verhandlung angeordnet werden könne wegen Gefährdung der Staatssicherheit oder der Sittlichkeit, oder wenn das Verfahren sich gegen einen Jugendlichen richte.

Diese Neuerung muß freudig begrüßt werden, und es ist nur zu hoffen, daß sie auch bei der Verabschiedung des Gesetzes bestehen bleibt. Das ist in betreff der Beleidigungssachen nicht ganz frei von Besorgnis; denn die Kommission hatte vorgeschlagen, daß bei diesen, falls öffentliche Klage durch den Staatsanwalt erhoben sei, die Öffentlichkeit nur dann ausgeschlossen werden dürfe, wenn die anderen Beteiligten nicht widersprechen. Die in der Kommission nach den vorliegenden Protokollen anscheinend mit Lebhaftigkeit hierfür geltend gemachten Gründe könnten im Reichstage leicht wieder eine Vertretung finden, was sehr zu bedauern sein würde.

An sich war es zweifellos ein Gewinn, als an die Stelle des früheren schriftlichen und deshalb geheimen Strafverfahrens für das mündliche oder unmittelbare Verfahren die Öffentlichkeit eingeführt wurde. Die damit für jedermann eröffnete Möglichkeit, sich von dem gesetzlichen Gang eines solchen Verfahrens zu überzeugen, war an sich geeignet, das Mißtrauen zu entfernen, welches jenem alten, geheimen Verfahren gegenüber Platz gegriffen hatte. Es ist deshalb gewiß auch richtig, den Grundsatz der Öffentlichkeit, der ja einen großen Teil der modernen Einrichtungen überhaupt beherrscht, auch für das Strafverfahren hochzuhalten. Aber die Erscheinungen der neueren Zeit auf diesem Gebiete geben doch zu denken.

Wenn auch der Weg richtig ist, daß das öffentliche Interesse das der einzelnen überwiegen müsse, so kommt es doch darauf an, ein öffentliches Interesse nur da anzuerkennen, wo es auch wirklich begründet ist. Es ist unerfindlich, wie dies in Beleidigungssachen schon dann als vorhanden angenommen werden soll, wenn der Staatsanwalt die Klage erhoben hat. Ist für diesen allerdings ein gewisses öffentliches Interesse an der Sache Voraussetzung des Einschreitens, so ist damit nicht ohne weiteres das öffentliche

Interesse an der Öffentlichkeit des Verfahrens bejaht, zumal wenn das Einschreiten des Staatsanwalts als nicht genügend angezeigt anzusehen sein sollte. Am wenigsten aber ist anzunehmen, daß der Widerspruch eines Beteiligten in Beleidigungssachen gegen den Ausschluß der Öffentlichkeit in Wahrnehmung eines öffentlichen Interesses erfolgt; vielmehr ist zu supponieren, daß er in den meisten Fällen auf Feindseligkeit gegen seinen Widersacher beruht, und daß ein solches Verfahren, das geheim zu halten vergeblich versucht ist, erst recht der Skandalsucht dienen wird.

Noch wichtiger fast als die Bestimmungen des Gesetzes selbst über den Ausschluß der Öffentlichkeit ist ihre Handhabung durch die Gerichte.

Was die Welt in dieser Beziehung in neuerer Zeit erlebt hat, ist nicht sehr geeignet, mit Vertrauen zu erfüllen. Die gesetzlichen Voraussetzungen können naturgemäß nur knapp und formell festgestellt werden; was dabei im Einzelfalle herauskommt, hängt von der pflichtmäßigen, sorgfältigen Erwägung und dem Takte des Gerichts, insbesondere seines Vorsitzenden, ab.

Die Bestimmungen der Strafgesetze haben in den letzten Menschenaltern bei erfreulicher Zunahme der Humanität eine Milderung erfahren. Aber diese verschwindet fast hinter den mitunter an die Tortur erinnernden Unbilden des öffentlichen Verfahrens. Erst im Gerichtssaale, dann in der Presse werden die Angeklagten oft einer Behandlung unterworfen, welche berechtigte Empörung hervorruft. Viele von ihnen würden sicherlich lieber eine härtere Strafe hinnehmen als eine solche Behandlung im Verfahren. Es erscheint doch für die Gesetzgebung vielleicht erwägungswert, ob sie sich diesen Übelständen gegenüber mit der Regelung der Öffentlichkeit des Strafverfahrens durch allgemeine Bestimmungen hierüber abfinden kann, oder ob sie nicht die Verpflichtung hat zum Schutze der Angeklagten gegen eine solche Mißhandlung, namentlich auch der Presse gegenüber, einzuschreiten.

Aber die nicht einwandsfreie Behandlung der Angeklagten, zuweilen auch der Zeugen, ist es nicht allein, was als eine nachteilige Folge der Öffentlichkeit des Verfahrens bezeichnet werden muß. Die Öffentlichkeit als solche wird zuweilen mißbraucht. Nach dem Muster einer sehr üblen parlamentarischen Sitte werden auch in den Gerichtssälen Reden zum Fenster hinaus gehalten. Nicht nur von den Verteidigern, wenn auch vielleicht von diesen am häufigsten.

Auch die Staatsanwälte lassen sich solche Entgleisungen mitunter zuschulden kommen. Haben wir es doch erlebt, daß in einem berühmten politischen Prozesse der Staatsanwalt sein Plädoyer mit den Worten begann, daß er sich freue, der Presse gegenüber endlich zu Worte zu kommen. Als ob dies für die auf Grund der stattgehabten Verhandlung zu treffende Entscheidung irgendwie hätte in Betracht kommen können, was die Presse vorlaut darüber bereits gesagt hatte. Auch seitens der Vorsitzenden werden nicht selten für die Öffentlichkeit außerhalb des Gerichtssaales berechnete Erklärungen abgegeben, für welche schicklicher ein anderer Weg geboten gewesen wäre. Öffentlichkeit und Mündlichkeit bedeutet nicht, daß man zu jeder Zeit öffentlich sagen darf, was einem beliebt.

In diesen Beziehungen kann freilich nur im Aufsichtswege geholfen werden.

2. Sitzungspolizei.

Es liegt in der Natur der Sache, daß für eine öffentliche Verhandlung Bestimmungen erforderlich sind, welche die Aufrechterhaltung der Ordnung sichern.

Ist dies schon bei parlamentarischen Versammlungen eine Notwendigkeit, so tritt das Bedürfnis in noch weit stärkerem Grade bei gerichtlichen Verhandlungen hervor. Die dieserhalb im geltenden Rechte sich findenden Bestimmungen haben in dem vorliegenden Gesetzentwurfe nur eine unwesentliche Änderung erfahren, welche keiner Erörterung bedürftig erscheint. Sonst ist alles geblieben wie bisher. Es fragt sich also, ob die bisherigen Vorschriften befriedigend waren. Das kann nicht ohne weiteres zugegeben werden.

Das Gesetz, welches den Grundsatz an die Spitze stellt, daß die Aufrechterhaltung der Ordnung in der Sitzung dem Vorsitzenden obliegt, unterscheidet im übrigen, gewiß sehr richtigerweise, zwischen den von diesem und den vom ganzen Gerichte zu beschließenden Maßnahmen. Zu den letzteren gehören bei Ungehorsam gegen die zur Aufrechterhaltung der Ordnung erlassenen Befehle, Abführung zu einer zeitlich begrenzten Haft — § 178 — welche gegen alle möglichen Personen: Beschuldigte, Zeugen, Sachverständige oder bei der Verhandlung nicht beteiligte Personen verfügt werden kann, ferner die Erkennung von Ordnungsstrafen gegen jene Personen, welche sich in der Sitzung einer Ungebühr schuldig machen.

Aber zu den nur durch das Gericht selbst anzuordnenden Maßregeln gehört nach § 178 beim Vorliegen des Ungehorsams gegen Befehle auch die Entfernung aus dem Sitzungszimmer. Diese Bestimmung verbürgt keine energische Handhabung der Sitzungspolizei. Handelt es sich um Ungehorsam gegen Befehle, die doch nur vom Vorsitzenden ausgegangen sein können, so muß auch dieser selbst die Macht besitzen, den Ungehorsamen, der ihm vielleicht in frecher Weise entgegengetreten ist, sofort aus dem Sitzungszimmer entfernen zu lassen. Wenn er zur Herbeiführung eines entsprechenden Beschlusses erst mit seinem Kollegium zusammen beraten muß, also doch regelmäßig unter zeitweiliger Unterbrechung der öffentlichen Sitzung, so ist damit unvermeidlich der Eindruck der Schwäche verbunden.

Eine solche Maßnahme, selbst wenn sie im Einzelfalle unberechtigterweise ergriffen sein sollte, wogegen ja nachträgliche Beschwerde zugelassen werden muß, kann die Würde des Verfahrens nicht wohl gefährden; der Mangel der Befugnis dazu aber lähmt den Vorsitzenden, dem das Gesetz selbst doch die Pflicht zur Aufrechterhaltung der Ordnung auferlegt.

Es wird daher, während anerkannt wird, daß die übrigen erwähnten Maßregeln dem Gerichte verbleiben müssen, hier dafür eingetreten, daß die Entfernung wegen Ungehorsams aus dem Sitzungszimmer demjenigen zustehen muß, gegen welchen der Ungehorsam verübt wird, also dem Vorsitzenden, welcher damit gewissermaßen sein Hausrecht übt.

B. Zu dem Entwurfe einer Strafprozeßordnung.

I. Allgemeine Vorschriften.

Die Bestimmungen des Entwurfs, welche sich in dem „Allgemeine Vorschriften" betitelten Abschnitte finden, sollen hier nur in betreff der in einem Strafverfahren zu vernehmenden Zeugen, und auch diese nur, soweit sie die Vereidigung regeln, besprochen werden.

Die jetzt geltende StPO. enthält die Vorschrift, daß jeder Zeuge, von besonderen Ausnahmen abgesehen, zu vereidigen ist. Diese Ausnahmen beschränken sich auf die Fälle der fehlenden Eidesmündigkeit oder der aus anderen Ursachen fehlenden Einsicht in das Wesen des Eides, auf den Fall der infolge strafgerichtlicher Verurteilung eingetretenen Eidesunfähigkeit und den Fall, daß der zu vernehmende Zeuge als Teilnehmer, Begünstiger oder Hehler hinsichtlich der in Frage stehenden Straftat verdächtig oder bereits verurteilt ist.

Außerdem ist bestimmt, daß die Beeidigung derjenigen Zeugen, welche zu dem Beschuldigten in einem Verhältnis stehen, das sie nach gesetzlicher Bestimmung zur Verweigerung des Zeugnisses berechtigen würde, nach richterlichem Ermessen unbeeidigt vernommen oder auch beeidigt werden können. Sie sollen aber nach ihrer Vernehmung die Beeidigung, die übrigens der allgemeinen Vorschrift zufolge der Vernehmung regelmäßig vorangeht, verweigern können und über dieses Recht belehrt werden.

Endlich besteht noch die Bestimmung, daß jeder im übrigen vernehmungs- und eidespflichtige Zeuge die Auskunft auf solche Fragen verweigern kann, deren Beantwortung ihm selbst oder einem seiner näher bezeichneten Angehörigen die Gefahr strafgerichtlicher Verfolgung zuziehen würde.

Diesem Rechtszustande gegenüber enthält der vorliegende Gesetzentwurf in mehrfacher Beziehung einen großen Fortschritt.

Zunächst ist im § 61 bestimmt, daß die Beeidigung des Zeugen immer erst nach seiner Vernehmung erfolgen soll und sogar bis zum Schluß der ganzen Beweisaufnahme ausgesetzt werden kann. Damit ist die auch für den gewissenhaftesten Zeugen wertvolle Gelegenheit geboten, sich vor der Eidesleistung noch einmal zu sammeln, um zu prüfen, ob er alles, was er ausgesagt hat, unbedenklich mit einem Eide bekräftigen könne. Noch wichtiger ist die Vorschrift für den Zeugen, welcher durch eine vor seiner Vernehmung erfolgte Vereidigung vielleicht nicht zu unbedingter Wahrhaftigkeit sich genügend angetrieben fühlen, der, vielleicht in großer seelischer Erregung oder leichtsinnig, sich verleiten lassen könnte, der Wahrheit nicht völlig entsprechende Angaben zu machen. Ein solcher Zeuge verfällt bei vorgängiger Beeidigung durch die unwahre Aussage sofort dem Gesetz, während er bei der einzuführenden nachträglichen Beeidigung in der Lage ist, sich zu besinnen und Unrichtigkeiten vorher zu berichtigen, wobei er von dem die Sache übersehenden Richter noch unterstützt werden kann. Es liegt auf der Hand, daß in dieser neuen Vorschrift ein größerer Schutz gegen Eidesverletzungen geboten ist, und daß dies freudig begrüßt werden muß, bedarf keiner Ausführung.

Ferner ist in dem Gesetzentwurf die Art und Weise, wie der Eid dem Zeugen abgenommen wird, wesentlich verbessert. Die bisherige Eidesformel ist sprachlich schwerfällig und dadurch ist die Verständlichkeit der Eidesleistung für den Zeugen beeinträchtigt. Nach § 62 des Entwurfs ist dies beseitigt. Der Richter selbst übernimmt es danach in Form einer Eröffnung an den Zeugen, diesem zu erklären, welchen Sinn das Gesetz dem Eide in Beziehung auf seine Aussage beimißt, und nimmt danach von dem Zeugen nur noch die Erklärung entgegen: „Ich schwöre es, so wahr usw." Dadurch ist jenem Übelstande abgeholfen und zugleich eine Vereinfachung der ganzen Prozedur herbeigeführt.

Sodann sind die Ausnahmen von der Eidespflicht der Zeugen, welche im übrigen dem jetzt geltenden Rechte entsprechen, insofern erweitert, als dem Richter im § 59[3] die Befugnis gegeben ist, in den Fällen, in welchen der Zeuge die Auskunft nicht verweigert, welche er nach der Bestimmung des Gesetzes hätte verweigern dürfen, von der Vereidigung abzusehen.

Dies ist von ganz besonderer Wichtigkeit. Bisher mußte in solchen Fällen, wie im vorstehenden schon angegeben ist, immer vereidigt werden, und doch lag es oft klar zutage, daß der Zeuge nur den moralischen Mut nicht gehabt hatte, die Auskunft zu verweigern, weil er damit zugleich hätte bekennen müssen, daß er selbst oder ein naher Angehöriger, wenn er die Wahrheit sagen wollte, der strafgerichtlichen Verfolgung verfallen würde.

Der Richter mußte dann die Vereidigung, die in solchen gefahrvollen Fällen regelmäßig bis nach der Vernehmung ausgesetzt zu werden pflegte, oft mit dem Bewußtsein vornehmen, daß der Zeuge den Eid mit gutem Gewissen nicht leisten konnte, und war doch genötigt ihn abzunehmen, weil das Gesetz dies vorschrieb.

Das soll also künftig nicht mehr absolut erforderlich sein, sondern von dem Ermessen des Richters abhängen. Es ist zu hoffen, daß dieses Ermessen in den meisten Fällen helfen und die Leistung solcher offenbarer Meineide auf diesem Wege verhütet werden wird. Aber warum soll erst noch das Ermessen des Richters eine Rolle spielen? Läßt man bei dieser Regelung der Sache nicht die Gefahr bestehen, daß solche Eide fälschlich geleistet werden, wenn der Richter den vorhandenen Gewissenskonflikt nicht deutlich erkennt? Die Ermittelung der Wahrheit, das einzig berechtigte Ziel der Beweisaufnahme im Strafverfahren, kann unmöglich dabei gewinnen. Weit richtiger dürfte es deshalb sein, das richterliche Ermessen hier auszuschalten und schon durch das Gesetz selbst die Eidespflicht der Zeugen in solchen Fällen zu verneinen.

Eine solche Konzession aber wäre nicht in Übereinstimmung gewesen mit dem Standpunkte, welchen der Entwurf in der Frage der Vereidigung der Zeugen überhaupt einnimmt. Im § 57 ist von neuem vorgeschrieben, daß jeder Zeuge, soweit nicht im Gesetze ein anderes bestimmt worden ist, vereidigt werden soll. Diese Bestimmung ist zwar, nachdem die soeben erörterte Ausnahme des § 59[3] eine bedeutsame Abschwächung der Regelvorschrift herbeigeführt hat, nicht mehr so schwerwiegend, wie es die entsprechende Vorschrift der jetzt geltenden StPO. ist; aber auch jetzt noch erscheint es angezeigt zu prüfen, ob sie für die Ermittelung der Wahrheit im Strafverfahren nötig ist.

In dem deutschen Strafprozeß, der sich auf der Grundlage der Reichsgesetzgebung des 16. Jahrhunderts in der Praxis der Gerichte entwickelt hatte, und in welchem, wie schon oben erwähnt ist, Justizkollegien, welche die in einer Strafsache vernommenen Zeugen nicht zu sehen bekamen, sondern nach einem ihnen aus den schriftlichen Akten erstatteten Berichte erkennen mußten, über die Schuld des Angeschuldigten zu befinden hatten, war es absolut erforderlich, nähere Bestimmungen darüber zu treffen, unter welchen Voraussetzungen das erkennende Gericht eine Tatsache für bewiesen ansehen durfte.

Zu diesen sogenannten Beweisregeln gehörte auch die, daß alle Zeugen, soweit nicht gesetzliche Ausnahmen begründet waren, vereidigt werden mußten, und daß nur die Aussagen solcher beeidigter Zeugen als beweistüchtig galten. Aber mit jenem System ist im modernen Strafprozeß schon lange gebrochen worden. Die Unmittelbarkeit des Verfahrens, in welchem jeder Zeuge, gegen dessen Sistierung nicht unüberwindliche Hindernisse vorliegen, vor dem erkennenden Gerichte selbst vernommen wird, hat es ermöglicht, den Grundsatz völlig freier Beweiswürdigung aufzustellen. Der mit dem entsprechenden Paragraphen der jetzigen StPO. fast wörtlich übereinstimmende § 255 Abs. 1 des Entwurfs bestimmt wieder: „Über das Ergebnis der Beweisaufnahme entscheidet das Gericht nach seiner freien, aus dem Inhalte der Verhandlung gewonnenen Überzeugung."

Dieser Satz schließt den anderen Satz in sich, daß das Gericht die Aussage eines unbeeidigt vernommenen Zeugen für wahr, die eines vereidigten für unwahr ansehen darf. Ohne diese Konsequenz wäre die Ermächtigung zur freien Beweiswürdigung ohne Kraft.

Dann aber fragt man sich unwillkürlich, welchen Wert jene Vorschrift von der regelmäßigen Vereidigung der Zeugen für die Ermittelung der Wahrheit noch beanspruchen kann. Die Wahrheitspflicht des Zeugen besteht auch ohne Eid nach dem Gesetz und wird im materiellen Strafrecht demnächst noch einen deutlicheren Ausdruck dadurch erhalten, daß schon die Verletzung dieser Pflicht durch den unbeeidigt vernommenen Zeugen unter Strafe gestellt wird. Der Zeugeneid hat doch lediglich den Zweck, die Wahrheitspflicht des Zeugen, welche schon ohnedies vorhanden ist, noch zu verschärfen. Ob ein Bedürfnis dazu vorhanden ist, kann aber nur der erkennende Richter beurteilen, welcher über das Ergebnis der Beweisaufnahme zu befinden hat. Weshalb soll er einem Zeugen, dessen unbeeidigter Aussage er vollen Glauben beimißt — und das wird bei ordnungsmäßiger, den Gegenstand und den Grund der Wissenschaft erschöpfender Vernehmung nicht selten der Fall sein — erst noch einen Eid abnehmen? Das ist mindestens überflüssig, daneben aber wegen der zu großen Häufigkeit der Zeugeneide zugleich eine Herabsetzung dieser Handlung, die womöglich vermieden werden muß.

Weit wichtiger aber ist der Einfluß jener Regelvorschrift auf die Behandlung der Aussagen unglaubwürdiger Zeugen. Sind sie nicht in einer Verhandlung vor einem erkennenden Amtsgerichte abgegeben, oder werden sie nicht von allen Mitgliedern des Gerichts und den anwesenden Prozeßbeteiligten für unerheblich erachtet, in welchen Fällen nach dem § 60 des Entwurfs die Vereidigung regelmäßig unterbleibt, so muß der Richter, wenn es ihm nicht gelingt, den Zeugen durch geeignete Vorhalte zur Umkehr zu bestimmen, auch diese unglaubwürdigen Aussagen beeidigen lassen.

Darin liegt offenbar keine Förderung, sondern eine Beeinträchtigung der Wahrheitsermittelung; denn es wird auf diese Weise vielleicht eine Aussage künstlich als ein den glaubhaften Aussagen gleichwertig zu erachtendes Beweismittel hingestellt, die es in Wirklichkeit nicht verdient so angesehen zu werden.

Für einen Zeugen, welcher wegen großer Entfernung seines Wohnsitzes von dem Orte der Gerichtsverhandlung oder aus einem anderen Grunde dem Gerichte nicht selbst vorgestellt werden kann, sondern nach den darüber gegebenen Bestimmungen durch ein anderes Gericht auswärts vernommen werden muß, dessen Aussage alsdann also nur durch Verlesung des über diese Vernehmung aufgenommenen Protokolls zur Kenntnis des erkennenden Richters gebracht werden kann, ist die Regelbestimmung der Vereidigung am Platze. Die Aussage ist in solchem Falle nicht sehr verschieden von denjenigen im alten, schriftlichen Strafprozesse, die alle beeidigt werden mußten.

In betreff aller anderen Zeugen, welche in der Hauptverhandlung selbst vernommen werden, sollte man es dem Gerichte überlassen, ob es die Aussage beeidigen lassen oder sich mit der unbeeidigten Aussage begnügen will. Dann würden die Gerichtssäle nicht mehr so oft wie jetzt widerschallen von den unzähligen, zum großen Teil überflüssigen, aber zum Teil sogar schädlichen Zeugeneiden. Die Ermittelung der Wahrheit würde dabei nichts verlieren. Der Charakter der Verhandlung würde gewinnen und manches Verbrechen würde verhütet werden.

Daß eine solche Bestimmung des Gesetzes einen Bruch mit dem bis jetzt zäh festgehaltenen Grundsatze der notwendigen Beeidigung in sich schließen würde, darf dann kein Hindernis sein, wenn darin zugleich ein Fortschritt zu erkennen ist. Eine abermalige, eingreifende Änderung der StPO. wird hoffentlich für absehbare Zeit nicht geplant. Sieht man in der vorgeschlagenen Änderung im Beweisverfahren eine Maßnahme, welche mit der Zeit doch nicht zu umgehen sein wird, so sollte man nicht zögern, sie bei dieser Gelegenheit schon zu verwirklichen.

II. Verfahren in erster Instanz.

1. Ermittelungsverfahren.

In alter Zeit war es die Aufgabe der Gerichte, von Amts wegen den Verbrechen und sonstigen strafbaren Handlungen nachzuforschen. Konnten sie dabei auch des Beistandes der Polizeibehörden und Sicherheitsorgane nicht entbehren, so lag ihnen doch nicht nur die Leitung, sondern die Haupttätigkeit bei diesem Untersuchungsverfahren ob, das im Laufe der Zeit zu einem mit viel Scharfsinn ausgebildeten System sich entwickelt hatte. Alles beruhte auf Offizialtätigkeit des Gerichts. Der sogenannte Anklageprozeß des alten Rechts bildete nur eine besondere Art der Einleitung zu dieser Tätigkeit und beruhte auf den Anträgen von Privatpersonen. Öffentliche Ankläger kannte der alte deutsche Strafprozeß nicht.

Das ist alles erst anders geworden mit Einführung des Instituts der Staatsanwaltschaft, welche ihre Entstehung der Erwägung verdankt, daß es untunlich sei, die in einem Strafverfahren zu berücksichtigenden, zum Teil divergierenden Interessen alle in die Obhut einer Gerichtsbehörde zu legen. In dieser neuen Behörde schuf man daher ein Organ, welches den durch eine strafbare Handlung verletzten Staat zu vertreten, den Verbrecher zu verfolgen, nötigenfalls zu ergreifen und ihn vor den Richter zu stellen hat und welchem schließlich auch die Vollstreckung der gegen den schuldig befundenen Angeklagten erkannten Strafe übertragen ist. Da die Staatsanwaltschaft aber ihrem Ursprunge nach bei dieser ganzen Tätigkeit von anderen Gesichtspunkten ausgehen muß wie eine als Ankläger auftretende Privatperson, so ist ihr zur Pflicht gemacht, immer nur die Verwirklichung des Rechts im Auge zu haben und folgeweise auch für die vollständige Berücksichtigung der dem Beschuldigten zur Seite stehenden Umstände einzutreten.

Auf welche Weise die Staatsanwaltschaft tätig werden muß, ergibt sich daraus eigentlich von selbst. Das Verfahren, welches sie einschlägt, muß seinem Zwecke nach ein möglichst zwangloses sein und es kann hauptsächlich nur darauf ankommen, sie mit den erforderlichen Mitteln auszurüsten, um ihrer Aufgabe gerecht werden zu können. Die Bestimmungen, welche dieses Verfahren regeln, bilden das sog. Ermittelungsverfahren. Was der Entwurf hierüber enthält, stimmt in der Hauptsache mit dem bisherigen Rechte überein. Von redaktionellen Änderungen abgesehen, ist eigentlich neu geordnet nur die Berechtigung des Beschuldigten wie seines Verteidigers und der Staatsanwaltschaft zur Anwesenheit bei der Vornahme von Untersuchungshandlungen. Die betr. Bestimmungen sind zum Teil ein Zugeständnis wichtiger Art im Interesse der Verteidigung; da aber die Sicherung des Zweckes der Untersuchung zugleich genügend gewahrt erscheint, wird nicht nur kein Bedenken dagegen zu erheben sein, sondern es wird darin ein Fortschritt erblickt werden dürfen.

Herr des ganzen Ermittelungsverfahrens muß seinem Zwecke nach natürlich die Staatsanwaltschaft sein. Damit stimmt es vollständig überein, daß im § 162 des Entwurfs alle Ermittelungen in ihre Hand gelegt worden sind. Daß sie die dazu erforderlichen

Handlungen nicht alle selbst vornehmen kann, sondern sich dazu anderer Organe muß bedienen können, folgt, auch abgesehen von der sonst leicht herbeigeführten Gefahr einer zu großen Geschäftslast, schon aus dem Umstande, daß die Amtsbezirke der Staatsanwälte, welche mit den Landgerichtsbezirken übereinstimmen, dafür zu groß sind.

Aber es ist doch zu bedauern, daß einem bedeutungsvollen Beschlusse der Kommission, der in beiden Lesungen gefaßt worden ist — vgl. die Protokolle der Kommission, Bd. I, S. 163, 164 und Bd. II, S. 73, 463 — und in welchem ausgesprochen war, daß die Vornahme der Ermittelungen durch die Staatsanwaltschaft selbst bzw. unter ihrer Leitung durch die ihr zur Aushilfe zugewiesenen Beamten oder die Amtsanwälte die Regel bilden solle, keine weitere Folge gegeben ist.

Darüber, ob es richtig sein würde, der Staatsanwaltschaft auch die Vernehmung der Beschuldigten anzuvertrauen und ihr Zwangsbefugnisse beizulegen, wie die Kommission vorgeschlagen hatte, können ja die Meinungen berechtigterweise auseinandergehen; aber die Aufstellung jenes Prinzips, welches ein einheitliches Verfahren besonders fördern sollte, wäre doch dem zurzeit herrschenden Verfahren gegenüber, welches der Entwurf wieder begünstigt, ein Fortschritt gewesen.

Unter den möglichen Ermittelungshandlungen befindet sich nämlich auch die Vernehmung des Beschuldigten, von Zeugen und Sachverständigen, wie die Einnahme des Augenscheins durch den Richter. Um eine solche Handlung kann die Staatsanwaltschaft nach § 162 des Entwurfs den Amtsrichter des Bezirkes ersuchen, wo jene vorzunehmen ist. Als Voraussetzung eines solchen Ersuchens bezeichnet dieser Paragraph nur den Umstand, daß „eine richterliche Untersuchungshandlung erforderlich" sei. Anders war es auch nicht wohl möglich. Eine Spezialisierung der Voraussetzung würde nachteilig sein. Die Staatsanwaltschaft muß in solchen Fällen nach freiem Ermessen handeln können. Hält sie dabei an dem Grundsatze fest, daß es in erster Linie ihr selbst obliege, die Ermittelungshandlung vorzunehmen, und daß ihr dazu außerdem die Organe der Polizei und des Sicherheitsdienstes zur Verfügung stehen, und nimmt sie es damit genau, daß der Richter nur dann angegangen werden soll, wenn dies erforderlich ist, d. h. wenn die anderen Wege nicht recht gangbar sind, sei es, daß sie eine eidliche Vernehmung von Zeugen ausnahmsweise im Verfahren glaubt nötig zu haben, oder daß gegen einen zu vernehmenden Beschuldigten eventuell gleich die Verhängung der Untersuchungshaft bei dem Amtsrichter beantragt werden soll, oder daß ein ähnlicher Grund vorliegt, so wird jene gesetzliche Ermächtigung, den Richter zu ersuchen, auch nur vorteilhaft wirken. Sie wird aber sofort in das Gegenteil umschlagen, wenn nicht in dieser korrekten Weise verfahren wird, sondern wenn die Staatsanwaltschaft den Richter benutzt, wozu sie formell in der Lage ist, ihr die Ermittelungshandlungen abzunehmen, welche sie eigentlich auf anderem Wege bewirken müßte. Beschränkt sie sich dabei noch wenigstens auf einzelne bestimmte Vernehmungen mit Angabe des Gegenstandes, dann tritt zwar, indem die Akten hin und her gehen, immer eine unerfreuliche Verzögerung ein, bei der die Einheitlichkeit des Verfahrens zugleich verloren geht, aber dieses Verfahren hält sich doch noch in den Grenzen des Gesetzes. Stellt sie aber ihre Anträge bei dem Richter in unbestimmter Weise, so daß dessen eigenes Ermessen ihnen erst Inhalt und Richtung geben soll, wie es erfahrungsmäßig jetzt nicht selten geschieht, dann ist begreiflicherweise von einem staatsanwaltschaftlichen Ermittelungsverfahren kaum noch die Rede; an seine Stelle tritt ein Quasi-Voruntersuchungsverfahren, in welchem die Staatsanwaltschaft nicht die richtige Stelle einnimmt und auch der Richter eine Rolle spielt, welche das Gesetz ihm nicht zugedacht hat.

Es wäre deshalb doch wohl zu wünschen, daß in den § 162 des Entwurfs noch eine Bestimmung aufgenommen würde, welche, unbeschadet der im übrigen freien Bewegung der Staatsanwaltschaft, dem Wunsche der Kommission entsprechend, erkennen ließe, daß die Inanspruchnahme des Richters bei Ermittelungshandlungen nach dem Willen des Gesetzgebers die Ausnahme bilden solle.

2. Die Hauptverhandlung und ihre Vorbereitung.

a) Vorbereitung.

Eine Hauptverhandlung, d. h. eine Verhandlung vor dem erkennenden Gerichte, findet statt, wenn auf die öffentliche Klage der Staatsanwaltschaft, sei es, daß nur ein Ermittelungsverfahren, oder daß eine Voruntersuchung vorangegangen ist, von dem zuständigen Gerichte das Hauptverfahren eröffnet ist. Der Beschluß, durch welchen dies geschieht, beruht, um dies hier noch nebenher zu bemerken, auf der Erwägung, daß der Angeschuldigte der ihm zur Last gelegten strafbaren Handlung hinreichend verdächtig sei, und dies wurde bisher in dem Beschlusse selbst zum Ausdruck gebracht. Der § 198 des Entwurfs will dies beseitigen; er bestimmt, daß in der Entscheidung lediglich auszusprechen sei, daß und vor welchem Gerichte die Hauptverhandlung stattzufinden habe.

Darin ist ein Fortschritt zu erkennen. Zwar ist die Eröffnung des Hauptverfahrens an sich schon ein Beweis dafür, daß das Gericht eine Überführung des Angeklagten in der Hauptverhandlung erwartet, weil es andernfalls die Eröffnung des Hauptverfahrens abgelehnt und den Angeschuldigten außer Verfolgung gesetzt hätte; aber in der ausdrücklichen Hervorhebung der Annahme, daß schon zur Zeit des Beschlusses hinreichende Verdachtsgründe gegen jenen vorliegen, ist gewissermaßen eine Bestätigung der Anklage zu erkennen, welche geeignet ist, darüber hinaus als Beurteilung der Sache angesehen zu werden. Da die Bedeutung des Eröffnungsbeschlusses hauptsächlich in der Regelung der Zuständigkeit beruht, so ist es gewiß richtiger, jene Begründung künftig zu unterdrücken.

Den wesentlichsten Gesichtspunkt für die Vorbereitung der Hauptverhandlung muß natürlich die Sorge dafür bilden, den Angeklagten über das, was seiner wartet, hinreichend zu unterrichten, sowohl über die ihm zur Last gelegte Tat selbst und ihre rechtliche Beurteilung, wie über die Beweismittel, welche zum Zwecke seiner Überführung benutzt werden sollen. Hat eine Voruntersuchung stattgefunden, so scheint, da nach § 191 des Entwurfs der Angeschuldigte nicht nur in dieser zu vernehmen, sondern auch vor dem Schluß derselben durch den Untersuchungsrichter über die gegen ihn vorliegenden Verdachtsgründe aufzuklären ist, dies vollkommen gesichert. Die im § 213 vorgeschriebene Mitteilung der von der Staatsanwaltschaft dem Gerichte eingereichten Anklageschrift ist dann gewissermaßen nur eine Wiederholung und Bestätigung jener Eröffnung.

Ist jedoch der Eröffnung des Hauptverfahrens nur ein Ermittelungsverfahren vorangegangen, in welchem eine Vernehmung des Beschuldigten nicht notwendigerweise zu erfolgen braucht, und in welchem an die Stelle der Schlußverhandlung des Untersuchungsrichters in den vor den Landgerichten zu verhandelnden Sachen nach § 202 des Entwurfs nur eine mündliche Eröffnung des Staatsanwalts an den Verdächtigen über die gegen ihn vorliegenden Verdachtsgründe treten soll, so erscheint es nicht ohne weiteres gerechtfertigt, den Angeklagten als hinreichend unterrichtet anzusehen.

Diese mündliche Eröffnung durch den Staatsanwalt ist überhaupt ein Akt von zweifelhaftem Werte. Ist dieser auch nicht Partei im eigentlichen Sinne des Wortes, sondern ein Staatsbeamter, der verpflichtet ist, nicht nur die zur Belastung des Verdächtigen, sondern auch die zu seiner Entlastung dienenden Umstände zu berücksichtigen, so ist er doch in erster Linie mit der Verfolgung der strafbaren Handlungen betraut, und diese Tätigkeit ist nicht gerade geeignet, ihn unbefangen erscheinen zu lassen. Der Verdächtige sieht in dem Staatsanwalt jedenfalls seinen Gegner.

Die Zustellung der Anklage erscheint einer solchen Eröffnung durch den Staatsanwalt gegenüber allein nicht ausreichend, wenn man erwägt, daß bei einer großen Zahl von Angeklagten nicht das erforderliche Verständnis ihres Inhalts vorausgesetzt werden kann. Es dürfte sich daher empfehlen, jene Eröffnung durch den Staatsanwalt durch einen anderen, den Angeklagten hinreichend orientierenden Akt zu ersetzen. Richter dafür in Anspruch zu nehmen, was freilich am wirksamsten sein würde, wird nicht absolut geboten sein. Wohl aber wird der zu verfolgende Zweck erreicht werden können, wenn dem Angeklagten durch einen Gerichtsschreiber der Inhalt der ihm zugestellten Anklageschrift nochmals vorgelesen und erläutert, und er zur Angabe etwa noch vorhandener, bisher nicht benutzter Beweismittel aufgefordert wird. Dazu würde sowohl ein Gerichtsschreiber am Sitze des Gerichts der Hauptverhandlung wie am Wohn- oder Aufenthaltsorte des Angeklagten herangezogen werden können, worauf der Angeklagte in der Ladung zum Hauptverhandlungstermine hingewiesen werden müßte. Über den Akt selbst würde natürlich ein Protokoll aufzunehmen sein, das dem Vorsitzenden des erkennenden Gerichts einzusenden und von diesem der Staatsanwaltschaft mitzuteilen wäre.

Entschließt man sich dazu, diese, freilich mit nicht ganz geringer Belastung der Gerichtsschreibereien verbundene Vorsichtsmaßregel anzuwenden, dann müssen alle die verstummen, welche jetzt geltend machen, daß der Angeklagte wegen ungenügender vorheriger Information eigentlich erst in der Hauptverhandlung erfahre, worauf es für seine Verteidigung ankomme.

Nur bei den zur Zuständigkeit der Amtsgerichte gehörenden Strafsachen, für welche ja auch keine Eröffnung an den Angeklagten durch den Staatsanwalt in Aussicht genommen, sondern die Mitteilung der Anklageschrift für ausreichend erachtet ist, wird von einer solchen Vernehmung durch den Gerichtsschreiber abgesehen werden können. Stellt sich in solchen Sachen in der Hauptverhandlung wirklich heraus, daß der Angeklagte noch nicht so über alles unterrichtet war, um seine Verteidigung erschöpfend führen zu können, so wird mit der Vertagung der Verhandlung geholfen werden müssen.

b) Hauptverhandlung.

Mit der Hauptverhandlung selbst tritt, wie schon ihre Bezeichnung ergibt, der volle Ernst des Strafverfahrens an den Angeklagten heran. Alles, was bisher geschehen war, hat nur einen vorbereitenden Charakter. Es kommt sonach auch vor allen Dingen darauf an, die Hauptverhandlung so zu regeln, daß sie Garantien für eine gerechte Urteilsfällung bietet, daß also die Anklage sowohl wie die Verteidigung zu ihrem vollen Rechte gelangen können.

1. Die Erhebung der Anklage in der Hauptverhandlung.

Es ist überraschend zu sehen, welche Wandlung die Frage nach der richtigsten Form der Erhebung der Anklage in der Hauptverhandlung im Laufe der Zeit, von dem jetzt geltenden Rechte ausgehend, erfahren hat.

Die Strafprozeßordnung von 1877 hatte diesen Akt ersetzt durch die Vorlesung des Beschlusses über die Eröffnung des Hauptverfahrens.

Die Kommission hatte vorgeschlagen — vgl. Protokolle Bd. II S. 507 — daß an die Stelle der Vorlesung dieses Beschlusses eine Erklärung des Vorsitzenden treten solle, in welcher die dem Angeklagten zur Last gelegte Tat unter Hervorhebung ihrer gesetzlichen Merkmale und des anzuwendenden Strafgesetzes bezeichnet werde.

Der jetzt vorliegende Gesetzentwurf endlich läßt im § 230 die Anklageformel von dem Beamten der Staatsanwaltschaft verlesen.

Keine dieser Konstruktionen erscheint befriedigend. Sie alle leiden an der Scheu vor den Konsequenzen, welche naturgemäß aus dem das ganze Strafverfahren beherrschenden Anklageprinzip gezogen werden müssen. Das jetzt geltende Gesetz und die Kommission lassen den Staatsanwalt, welcher das Strafverfahren veranlaßt, das Ermittelungsverfahren geleitet und zu einer etwaigen Voruntersuchung seine Anträge gestellt hat, von welchem die Anklageschrift herrührt und welcher die Eröffnung des Hauptverfahrens beantragt hat, in der Hauptverhandlung, als wäre er eine reine Nebenperson, zunächst ganz ausscheiden und geben zum Ersatz ungenügende oder sogar nachteilig wirkende, vom erkennenden Gerichte ausgehende Eröffnungen.

Die Verlesung des Beschlusses über die Eröffnung des Hauptverfahrens, welche jetzt die Sache einleitet, ist ein rein formaler, ohne den erforderlichen Eindruck verlaufender Akt, namentlich dann, wenn es sich um eine Mehrheit von Anklagepunkten handelt, welche bei der Verlesung des Beschlusses oft nicht genügend verstanden werden können, was insbesondere gefährdet erscheint, wenn die Verlesung durch eine mit der Sache nicht vertraute Person, vielleicht den Gerichtsschreiber, erfolgt. Daß damit endlich gebrochen werden soll, kann in der Tat nur in hohem Grade befriedigen.

Aber etwas rätselhaft erscheint der Vorschlag der Kommission, welche den Vorsitzenden in die durch den Fortfall des Eröffnungsbeschlusses entstehende Lücke treten lassen will. Er, der darauf angewiesen ist, alles, was vorgeht, mit der größten Unparteilichkeit zu behandeln, der sich tunlichst freimachen muß von dem Einflusse des der Hauptverhandlung vorangegangenen Ermittelungs- oder Voruntersuchungsverfahrens, dessen Ergebnisse ihm aus den Akten bekannt sind und ihm nur als Anhalt dienen dürfen für die

Leitung der Verhandlung, soll sein verantwortungsvolles Amt damit beginnen, daß er dem Angeklagten die ihm zur Last gelegte Tat vorhält! Das kann er doch nur im Namen eines anderen, des Staatsanwalts nämlich, tun, von dem die Anklage ausgeht. Aber dieser Staatsanwalt ist selbst anwesend, er wird im Laufe des Verfahrens sich oft geltend machen; aber in dem Anfang des Verfahrens, wo er sich zu seiner Rolle bekennen müßte, wird er mundtot gemacht und durch den Vorsitzenden bevormundet.

So rätselhaft wie dieser Vorschlag erscheint, so hat er trotzdem in der Praxis schon schädlich gewirkt; denn obwohl das geltende Recht, wie bemerkt, alles auf die Verlesung des Eröffnungsbeschlusses stützt, gibt es doch heutzutage schon Vorsitzende, die, vermutlich infolge des Studiums der Kommissionsbeschlüsse, jenen Vorschlag, der ihnen zugesagt zu haben scheint, unbedenklich in die Tat umsetzen und mit solchen unberufenen Eröffnungen beginnen.

Erst der Entwurf des Gesetzes ist zu dem allein natürlichen Verfahren übergegangen, zuerst dem Staatsanwalt das Wort zu geben. Aber was er ihn tun läßt, ist ungenügend. Er soll die Anklage*formel* verlesen. Schon das Verlesen ist zu beanstanden. Jedes gesprochene Wort ist, wenn der Redende nur einigermaßen seiner Aufgabe gewachsen ist, wertvoller als ein verlesenes. Aber noch weniger befriedigt es, daß sich diese Kundgebung auf die Anklageformel beschränken soll. Diese Anklageformel ist doch nur die juristische Quintessenz des ganzen Sachverhalts, welcher die Strafhandlung umgibt, der Tatsachen, die Fleisch und Blut haben. Mit ihnen, nicht mit der Anklageformel, soll sich die bevorstehende Verhandlung beschäftigen, sie bilden den Gegenstand der Vernehmungen, der Wahrnehmungen der Zeugen, des Gutachtens der Sachverständigen, der Auffassung der Richter und schließlich der Entscheidung. Und zu ihnen gehören notwendigerweise die Beweismittel, durch welche sie dargetan werden sollen.

Man entschließe sich also, einen Schritt weiter auf der jetzt endlich erfreulicherweise eingeschlagenen Bahn zu tun. Nicht als ob der Staatsanwalt gleich mit einem Vortrage über die Schuld des Angeklagten beginnen sollte, der erst am Schlusse der Verhandlung am Platze ist. Das wäre freilich sehr vom Übel. Aber anstatt eine Anklageformel zu verlesen, muß er mit möglichst knappen Worten die Tat bezeichnen, deren er den Angeklagten beschuldigt, und ebenso knapp die Beweismittel bezeichnen, mit welchen er die Überführung unternehmen will. Immerhin mag er mit der Anklageformel schließen.

Mit einem solchen Vortrage ist dann sofort dem Vorsitzenden das Thema für die Vernehmung des Angeklagten und ein Anhalt für die Beweisaufnahme gegeben, während er sich nach dem jetzt geltenden Prozeßrecht das Thema selbst aus den Akten konstruieren muß und die Beweisaufnahme auch nur aus eigener Initiative leiten kann.

Was kann im Wege stehen, dieses, der Struktur des ganzen Strafverfahrens sich fast mit Notwendigkeit anpassende Verfahren zu adoptieren? Daß dadurch die zur Entscheidung berufenen Richter einer Voreingenommenheit ausgesetzt werden könnten, wird man doch nicht ernsthaft geltend machen wollen. Denn ein Gericht, das einer solchen Versuchung erliegen könnte, wäre überhaupt nicht mehr als ein geeignetes Organ der Rechtspflege anzuerkennen.

2. Die Vernehmung des Angeklagten.

Die Vernehmung des Angeklagten in der Hauptverhandlung regelt sich nach § 230 des Entwurfs, ganz ebenso, wie dies in der jetzt geltenden Strafprozeßordnung vorgeschrieben ist, nach den allgemeinen Vorschriften über die Vernehmung des Beschuldigten überhaupt, nur mit einer redaktionellen Änderung, welche die Anwendbarkeit dieser allgemeinen Vorschriften im § 109 auf die Hauptverhandlung besser hervortreten läßt, als dies bisher der Fall war. Der in diesem § 109 aufgestellte Grundsatz stimmt auch im wesentlichen mit dem entsprechenden Paragraph der jetzigen Strafprozeßordnung überein und zeichnet sich vor diesem nur durch Vollständigkeit und bessere Anordnung aus.

Dieser Grundsatz erscheint einwandsfrei. Danach besteht die Vernehmung des Angeklagten zunächst in der Eröffnung darüber, welche Tat ihm zur Last gelegt werde und welches Strafgesetz Anwendung finde. Als Ziel der sich an diese Eröffnung schließenden Vernehmung bezeichnet das Gesetz, daß dem Beschuldigten Gelegenheit gegeben werde, die gegen ihn vorliegenden Verdachtsgründe zu beseitigen und die zu seinen Gunsten sprechenden Tatsachen geltend zu machen. Dieses Ziel soll dadurch erreicht werden, daß der Beschuldigte auf die ihn belastenden Umstände hingewiesen und befragt wird, ob er auf die Beschuldigung etwas erwidern wolle. Wenn er sich hierzu bereit erklärt, soll er veranlaßt werden, sich im Zusammenhange zu äußern und für die zu seinen Gunsten geltend gemachten Tatsachen die ihm zur Verfügung stehenden Beweismittel anzugeben.

Die Bedeutung dieser Vorschriften ist nicht mißzuverstehen, sondern liegt klar zutage. Sie besteht hauptsächlich in der Ausschließung jeder Art von Inquisition. Die Vernehmung ist zwar eine verantwortliche über die vorher erhobene Anklage; aber sie ist eine durchaus freiwillige, die von dem Angeklagten, wenn er glaubt, daß dies in seinem Interesse liege, was freilich selten der Fall sein wird, einfach abgelehnt werden kann. Die von ihm eventuell abzugebende Auslassung bezieht sich auf die ihm mitgeteilten belastenden Umstände, aber sie dient lediglich der Verteidigung. Es ist also nicht wohl bestreitbar, daß diese Unterhaltung mit dem Angeklagten in der Hauptverhandlung, welche, wie sonst kaum etwas, zugleich dazu dient, die Richter über die Sache zu orientieren, nur dem Vorsitzenden zusteht. Dies erhellt noch ganz besonders aus dem, auch dem jetzt geltenden Rechte entsprechenden § 235 des Entwurfs, welcher für die Beweisaufnahme das Fragerecht der übrigen Beteiligten regelt.

Es kann hier die Bemerkung nicht unterdrückt werden, daß die Praxis der Strafgerichte oft sehr wenig diesen unzweideutigen Vorschriften entspricht, wodurch der anzuerkennende vortreffliche Grundsatz des Gesetzes zum entschiedenen Nachteile der Rechtspflege verletzt wird.

Die Verstöße, welche oft unbeanstandet gemacht werden, sind mannigfach.

In erster Linie ist zu rügen, daß die Vernehmung nicht den Charakter der verantwortlichen Vernehmung trägt.

Statt den Angeklagten auf die vorliegenden Verdachtsgründe hinzuweisen und ihn zu veranlassen, sich über diese zu äußern, beschränken sich die Vorsitzenden oft darauf, den Angeklagten ohne solche Hinweisung nur zu einer Äußerung über die Sache zu veranlassen, wodurch diese fast den Charakter einer Zeugenaussage annimmt, was unvermeidlich nachteilig wirkt.

Oder sie verfallen in den Fehler, daß sie dem Angeklagten bei dieser Vernehmung, statt ihm Verdachtsgründe, also unerwiesene Behauptungen der Anklage, vorzuhalten, Vorstellungen machen aus den Beweisergebnissen des Vorverfahrens, die vorläufig ohne alle Bedeutung sind. Dadurch verschieben sie die Bestandteile des Verfahrens und berauben sich zugleich des eindrucksvollen und für die erkennenden Richter so wichtigen Mittels, die in der Hauptverhandlung selbst vorgeführten Beweise auf den Angeklagten wirken zu lassen.

Diese Nachteile eines nicht streng dem Gesetze entsprechenden Verfahrens sind freilich zum Teil veranlaßt durch die vom Gesetze selbst verschuldete Zurückdrängung des Staatsanwalts in der Hauptverhandlung.

Sie werden voraussichtlich seltener vorkommen oder milder werden, wenn, wie der Entwurf will, der Staatsanwalt mit der Erhebung der Anklage diesen Abschnitt der Hauptverhandlung eröffnet. Darauf wird um so mehr zu hoffen sein, wenn diese Erhebung der Anklage nicht auf die Verlesung der Formel beschränkt, sondern in der hier befürworteten Weise auf eine knappe Darlegung des Sachverhalts ausgedehnt wird.

Andernfalls ist der Vorsitzende immer in der schwierigen Lage, die Verdachtsgründe, über welche er den Angeklagten vernimmt, und welche auch die Anklageschrift nicht immer in der wünschenswerten Vollständigkeit enthält, sich selbst aus den Akten konstruieren zu müssen, wodurch seine Unparteilichkeit leidet.

Ein anderer Verstoß, der nicht in einem positiven Handeln des Vorsitzenden besteht, sondern auf einer ihm zur Last fallenden Unterlassung beruht, ist der nicht seltene Eingriff von Staatsanwälten und Verteidigern in die Vernehmung des Angeklagten.

Obwohl das Gesetz deutlich erkennen läßt, daß es sie dazu für nicht berufen erachtet, sondern ein Fragerecht nur in Beziehung auf Zeugen und Sachverständige in der Beweisaufnahme zuläßt, richten jene trotzdem an den Angeklagten selbst oft Fragen ganz in der nämlichen Weise, wie es ihnen bei Zeugen und Sachverständigen gestattet ist. Und die Vorsitzenden, statt mit Entschiedenheit diese gesetzwidrigen Eingriffe zurückzuweisen, lassen dies zu, als ob es von ihrem Belieben abhinge, ob gesetzmäßig verhandelt werden solle oder nicht.

Ist es doch noch in neuester Zeit vorgekommen, daß ein Staatsanwalt in der Hauptverhandlung eines Prozesses, der weite Kreise interessierte, an den Angeklagten eine Ansprache hielt und ihn fragte, ob er sich nicht endlich entschließen wolle ein Geständnis abzulegen. Davon, daß der Vorsitzende dagegen eingeschritten wäre, hat man nichts erfahren.

Aber es erscheint unmöglich, gegen solche Vorkommnisse im Gesetze selbst weiteren Schutz zu gewähren.

Die in Aussicht genommenen Bestimmungen sind ebenso klar, wie es schon die bisherigen waren.

Es kann nur im Verwaltungswege unternommen werden, belehrend und nötigenfalls korrigierend einzuwirken.

3. Die Beweisaufnahme.

Wie in der jetzt geltenden StPO., so ist auch in dem vorliegenden Gesetzentwurfe der Grundsatz der Unmittelbarkeit der Verhandlung streng zur Durchführung gekommen, nach welchem nur in wenigen, in ihren Voraussetzungen fest begrenzten Fällen eine anderswo stattgehabte Beweisaufnahmehandlung: Zeugenaussagen und Gutachten und schriftliche Erklärungen von Behörden in der Hauptverhandlung durch Verlesung zur Kenntnis des Gerichts gebracht werden dürfen. Darin ist selbstverständlich dem Entwurfe zuzustimmen. Aber davon abgesehen, sind für das Gebiet der Beweisaufnahme doch in einigen Beziehungen Wünsche geltend zu machen.

Wegen des Umfangs der Beweisaufnahme ist im § 232 des Entwurfs gesagt, daß die Beweisaufnahme auf alle Tatsachen zu erstrecken sei, die nach dem Ermessen des Gerichts für die Entscheidung von Bedeutung seien. Daneben ist bestimmt, daß die Erhebung eines Beweises, wenn sie von einem Prozeßbeteiligten beantragt werde, nur abgelehnt werden könne, wenn die unter Beweis gestellten Tatsachen für die Entscheidung nicht von Bedeutung seien, oder wenn sie offenkundig oder bereits zugunsten des Angeklagten erwiesen seien, oder wenn das betreffende Beweismittel unerreichbar oder ungeeignet sei. Das soll aus der Begründung der Ablehnung hervorgehen.

Diese Sätze erleiden aber noch insofern eine Einschränkung, als die Ablehnung, wenn das Beweismittel zur Verhandlung herbeigeschafft ist, in der Verhandlung vor dem Reichsgericht oder dem Schwurgericht offenbar, weil es hier eine Berufung nicht gibt, unzulässig sein und in der Verhandlung vor dem Landgerichte eines einstimmigen Beschlusses bedürfen soll.

Diese Vorschriften atmen sämtlich eine einwandsfreie Rücksichtnahme auf das Interesse der Verteidigung, denn wenn diese auch nicht ausdrücklich genannt ist, und die Anwendbarkeit auf die Beweisführung der Staatsanwaltschaft an sich auch gegeben ist, so hat das Gesetz dabei doch offenbar hauptsächlich die Verteidigung im Auge gehabt.

Aber es fehlt im Gesetze eine Bestimmung darüber, wann und wie die in der Hauptverhandlung zu benutzenden Beweismittel in einer die Prozeßbeteiligten bindenden Weise vorher festgelegt werden sollen. Im § 194 des Entwurfs, in welchem die Erfordernisse der Anklageschrift aufgeführt sind, findet sich auch die Bestimmung, daß die Beweismittel zu bezeichnen seien. Aber diese Anklageschrift bildet einen Bestandteil des Antrages auf Eröffnung des Hauptverfahrens. Sie wird allerdings, wenn diesem Antrage stattgegeben wird, demnächst dem Angeklagten zugestellt; aber nirgends ist gesagt, daß die Staatsanwaltschaft damit die Verpflichtung übernehme, alle in der Anklageschrift bezeichneten Beweismittel auch in der Hauptverhandlung zu benutzen, daß der Angeklagte ein Recht darauf habe, die Herbeischaffung dieser Beweismittel für die Hauptverhandlung zu erwarten.

Aus der Praxis kann bezeugt werden, daß die Staatsanwaltschaft tatsächlich eine solche Verpflichtung nicht durchweg anerkennt, daß sie sich vielmehr unter Umständen für berechtigt hält, auf Beweismittel, die in der Anklageschrift bezeichnet waren, und die doch möglicherweise auch einen Wert für die Entlastung des Angeklagten haben können, nachträglich durch Nichtladung zu verzichten, wenn ihr von dem Vorsitzenden des erkennenden Gerichts vorgestellt wird, daß die Beweismittel das erforderliche Maß übersteigen.

Darin scheint ein Mangel begründet zu sein.

Es muß durch irgendeinen Akt aus rein prozessualischem Gesichtspunkte festgestellt werden, welche Beweismittel zur Hauptverhandlung herbeigeschafft werden sollen. Dazu drängt aber außerdem ein Bedürfnis materieller Natur. Es gehört zu den unerfreulichsten Erscheinungen der Zeit, daß die Strafprozesse oft, namentlich wenn es sich um eine Entscheidung handelt, die in weiten Kreisen mit Spannung erwartet wird, einen übermäßigen Umfang annehmen, daß oft wochenlang über eine Sache verhandelt wird, die bei natürlicher Anschauung mit weit geringeren Mitteln ihre Erledigung hätte finden müssen.

Das ist eine krankhafte Erscheinung in der Rechtspflege, die zwar der Sensationslust dient, welche aber vom Standpunkte ernster Handhabung der Gerechtigkeit lebhaft bedauert werden muß und auf deren Heilung daher Bedacht zu nehmen sein wird.

Schuld tragen an dieser Erscheinung verschiedene Umstände: mitunter eine zu temperamentvolle Führung der Verteidigung, der das Gericht aus Sorge vor einer die Revision begründenden Beschränkung nicht genügend entgegentritt; aber auch die von vornherein seitens der Staatsanwaltschaft geübte übermäßige Häufung von Beweismitteln, durch welche zugleich die Staatskasse oft außerordentlich belastet wird.

Hier könnte formell und materiell dadurch geholfen werden, daß das Gericht bei Eröffnung des Hauptverfahrens zugleich, ohne an den Inhalt der Anklageschrift gebunden zu sein, die Beweismittel bezeichnete, welche nach seiner Auffassung der Sachlage für die Hauptverhandlung erforderlich seien. Daß diese dann doch nach Maßgabe der bestehenden Prozeßvorschriften vor und in der Hauptverhandlung würden ergänzt werden können, macht eine solche vorläufige Bestimmung unschädlich, ändert aber nichts daran, daß damit einstweilen eine maßvolle Grundlage für den Umfang des Beweisverfahrens geschaffen werden würde.

Aus dem geltenden Rechte ist sodann eine Bestimmung in die Gesetzesvorlage herübergenommen, die beanstandet werden muß. Das ist das im § 238 zugelassene sogen. Kreuzverhör. Nach dieser Bestimmung ist die unmittelbare Vernehmung der von den Prozeßbeteiligten benannten Zeugen und Sachverständigen der Staatsanwaltschaft und dem Verteidiger auf deren übereinstimmenden Antrag zu überlassen. Das soll in der Weise ausgeführt werden, daß die Zeugen und Sachverständigen, soweit sie von der Staatsanwaltschaft benannt sind, zuerst von dieser, soweit sie vom Angeklagten benannt sind, zuerst vom Verteidiger vernommen werden; unbeschadet der etwa eintretenden ergänzenden Vernehmung durch den Vorsitzenden und vorbehaltlich der Entziehung der Befugnis zum eigenen Verhör im Falle des Mißbrauchs.

Gegen eine solche Einrichtung spricht allerlei. Zunächst der Umstand, daß die entsprechende Bestimmung im geltenden Rechte fast ein toter Buchstabe geblieben ist. Dem Verfasser dieser Ausführungen ist in langjähriger Praxis an verschiedenen, zum Teil großen Gerichten kein Fall bekanntgeworden, in welchem sie zur Anwendung gekommen wäre. Und diese Erfahrung, welche mit Rücksicht auf ihren Umfang keine zufällige sein kann, hat ihren Grund in dem Umstande, daß die Einrichtung undeutsch, nicht nur ungewohnt, sondern deutschen Anschauungen, welche bei gerichtlichen Handlungen immer den Richter als die Hauptperson ansehen, vollkommen zuwider ist. Sie ist eine importierte, im ausländischen Geltungsgebiete vielleicht bewährte, für Deutschland sich nicht eignende Form des Verfahrens.

Es kommt hinzu, daß auf diesem Wege der Ermittelung der Wahrheit nicht am besten gedient, dieses einzig berechtigte Ziel der Beweisaufnahme dem Parteiinteresse untergeordnet wird. Wer überhaupt weiß, wie eine Beweisaufnahme richtigerweise gehandhabt werden muß, der weiß zugleich, daß sie in einem geordneten Gange vor sich gehen, daß ihr Ergebnis den Charakter einer allmählichen, ganz natürlichen Entwickelung tragen muß. Ein Vorsitzender, der es mit seiner Aufgabe in dieser Beziehung ernst nimmt, wird sich für die Vernehmung der Zeugen und Sachverständigen einen festen, auf die Erreichung jenes Zieles gerichteten Plan machen. Er wird schon nicht zulassen, daß der Staatsanwalt und der Verteidiger mit Ausübung des ihnen zustehenden Fragerechts ihm das Konzept verderben, sondern sie damit bis nach Beendigung der von ihm selbst unternommenen und noch weiter geplanten Vernehmung der betreffenden Personen vertrösten.

Wie soll dieses Ziel erreicht werden, wenn die zufällige Provenienz der Beweismittel, ob vom Staatsanwalt oder vom Angeklagten ausgehend, über die Reihenfolge der Vernehmungen entscheiden soll? Das ist absolut unmöglich. Wie Kraut und Rüben werden die Beweisergebnisse durcheinander liegen, und die erkennenden Richter, insbesondere die ungeübten Laien, werden große Schwierigkeiten haben, sie auseinander zu halten.

Es kommt hinzu, daß die Strafprozeßkommission, was doch auch Beachtung verdient und vielleicht auf den hier geltend gemachten Gründen beruht, bei der Beratung dieser Frage — vgl. Bd. II, S. 499 der Prot. — beschlossen hat, die Bestimmung zu streichen.

Endlich wird für die Beweisaufnahme noch die Verschärfung einer bereits geltenden und auch in den Entwurf wieder aufgenommenen Bestimmung hier in Vorschlag gebracht. Das ist die Bestimmung im § 231 Abs. 3 des Entwurfs, die dahin geht, daß nach der Vernehmung des Angeklagten den Mitangeklagten, nach der Benutzung jedes einzelnen Beweismittels allen Angeklagten Gelegenheit zur Äußerung gegeben werden soll.

Bei richtiger Handhabung dieser Bestimmung durch den Vorsitzenden ist sie eine der allerwichtigsten Vorschriften des ganzen Beweisverfahrens. Sie dient in erster Linie der Verteidigung, indem sie dem Angeklagten Gelegenheit gibt, jeden einzelnen gegen ihn hervorgetretenen Belastungsgrund zu bekämpfen, was für ihn oft weit wichtiger ist als eine allgemeine Verteidigung durch ihn selbst oder eine rhetorisch noch so geschickte Rede des ihm zugeordneten Verteidigers am Schlusse der Hauptverhandlung. Sie dient aber auch ebenso dazu, die Bedeutung des in einer Aussage hervorgetretenen Verdachtsgrundes dem Angeklagten vorzuhalten und ihren Wert dadurch, daß dieser nichts zur Entkräftung vorzubringen imstande ist, für die erkennenden Richter in das richtige Licht zu stellen. Sie ist, wie nichts sonst, geeignet, die Verhandlung lebensvoll und wirksam zu gestalten.

Die Praxis entspricht nicht hinreichend dieser vortrefflichen Absicht des Gesetzgebers. Statt in der eben gekennzeichneten Weise die Vorschrift zur Anwendung zu bringen, begnügen sich die Vorsitzenden oft mit der ohne jede weitere Substanz an den Angeklagten gerichteten Frage, ob er etwas zu sagen habe. Damit freilich ist nichts zu machen. Der Angeklagte versteht vielleicht gar nicht, um welches wichtige Mittel der Verteidigung es sich hier handelt, und der ganze Vorgang geht auch für die erkennenden Richter oft spurlos vorüber. Das muß besser werden, wenn der Paragraph energischer betont, worauf es ankommt, was mit wenigen Worten, vielleicht schon durch den Zusatz: unter Hervorhebung des Ergebnisses der Aussage und ihres Wertes für die Schuldfrage" sich erreichen lassen würde. Eine solche oder ähnliche Ergänzung des Paragraphen wird daher hier in Vorschlag gebracht.

4. Der Vorsitz in der Hauptverhandlung.

Es liegt in der Natur der Sache, daß es nicht gleichgültig ist, welcher Richter den Vorsitz in der Hauptverhandlung führt. Denn nach § 228 des Entwurfs ist es seine Aufgabe, die Verhandlung zu leiten. Dazu gehört insbesondere die Vernehmung des Angeklagten und die Vornahme der Beweiserhebungen. Das war in der jetzt geltenden Strafprozeßordnung ausdrücklich ausgesprochen. Der angezogene Paragraph des Entwurfs beschränkt sich darauf, die Leitung der Verhandlung als die Aufgabe des Vorsitzenden zu bezeichnen, behandelt es offenbar aber als selbstverständlich, daß damit zugleich über die Vernehmung des Angeklagten und die Beweisaufnahme Bestimmung getroffen sei.

Dagegen ist im § 231 des Entwurfs eine Neuerung enthalten. Der Vorsitzende soll danach befugt sein, die Vernehmung des Angeklagten und die Beweisaufnahme ganz oder zum Teil einem beisitzenden Richter zu übertragen. Diese Bestimmung kann nicht als eine Verbesserung anerkannt werden. Sie stammt zwar aus den Beratungen der Kommission, aber sie ist auch dort nur unter Widerspruch zustande gekommen.

Dafür ist geltend gemacht, in der Gerichtsverfassung sei nur der Fall einer vollständigen Behinderung des Vorsitzenden vorgesehen und bei dieser Voraussetzung immer das älteste Mitglied des Kollegiums im voraus zum Vertreter bestellt, während es vorkommen könne, daß der Vorsitzende nur in der Wahrnehmung seiner Hauptfunktion behindert sei, im übrigen aber als Richter teilnehmen könne und ein anderes als das älteste Mitglied besser zur Vertretung geeignet sei als dieses. Durch eine solche Einrichtung werde zugleich das Interesse der Beisitzer, die sich jetzt während der ganzen Sitzung passiv verhalten müßten, erhöht und ihnen Gelegenheit zur Vorbereitung für die Stellung eines Vorsitzenden gegeben.

Von den Gegnern des Vorschlags in der Kommission ist eingewandt, es sei zu befürchten, daß dadurch die Harmonie im Kollegium beeinträchtigt und das Strebertum gefördert werde, da mit der Möglichkeit gerechnet werden müsse, daß der Vorsitzende einzelne Beisitzer bevorzuge; die Übung in den Geschäften des Vorsitzenden lasse sich auch auf anderem Wege, bei den Schöffen- und Schwurgerichten, erreichen. Daneben wurde die Besorgnis ausgesprochen, daß die Vorschrift mißbraucht werden könnte, um die Leitung über das eigentliche Bedürfnis hinaus abzugeben, und eine solche Praxis würde schließlich dazu führen, daß regelmäßig neben dem Vorsitzenden unter dessen Kontrolle, ähnlich wie bei den Militärgerichten, ein Beisitzer als Leiter der Verhandlung fungiere; diese Einrichtung dürfe aber auf die Zivilgerichte, weil sie die Autorität des Verhandlungsleiters und damit des ganzen Kollegiums schädige, nicht übertragen werden. Endlich bestanden Zweifel in betreff der praktischen Durchführbarkeit der fraglichen Maßregel, welche die nicht vorauszusetzende Kenntnis der Akten und eine Vorbereitung für die Verhandlung auf seiten des betr. Beisitzers erfordern — vgl. Protokolle der Kommission Bd. I S. 257ff.

Zwar kann diesen Bedenken nicht durchweg beigepflichtet werden; insbesondere ist die Besorgnis der Begünstigung des Strebertums und des möglichen Mißbrauchs wohl nur eine entfernte, die nicht ausschlaggebend sein kann; im übrigen aber wird der Widerspruch für durchaus berechtigt anerkannt werden müssen.

Zunächst ist die Bestimmung eine Anomalie im Hinblick auf den Standpunkt des Gerichtsverfassungsgesetzes. In diesem — § 61 des Entwurfs — ist bestimmt, daß über die Verteilung des Vorsitzes in den Kammern, abgesehen von derjenigen Kammer, in welcher der Präsident des Landgerichts selbst den Vorsitz übernimmt, sowie über die Bestellung der regelmäßigen Vertreter für die Vorsitzenden der Kammern vor dem Beginne des Geschäftsjahres der Präsident und die Direktoren nach Stimmenmehrheit entscheiden. Erst im Falle der Verhinderung auch jenes regelmäßigen Vertreters tritt nach § 65 des Entwurfs das älteste Mitglied der Kammer als Vorsitzender ein.

Wie ist es mit dieser sehr fürsorglichen Anordnung des Gesetzes zu vereinen, daß es dem Kammervorsitzenden, der weder der eigentliche Vorsitzende noch dessen regelmäßiger Vertreter zu sein braucht, sondern vielleicht selbst nur in seiner Eigenschaft als ältestes Mitglied der Kammer aushilfsweise den Vorsitz hat übernehmen müssen, gestattet sein soll, aus seiner Machtvollkommenheit die wichtigsten Funktionen des Vorsitzenden in einem Strafgerichte: die Vernehmung des Angeklagten und die Beweisaufnahme einem von ihm ausgewählten Mitgliede der Kammer zu übertragen?

Dazu könnten in der Tat nur sehr zwingende Gründe berechtigen. An solchen Gründen aber fehlt es gänzlich. Was in der Kommission dafür geltend gemacht ist, kann nicht als stichhaltig anerkannt werden: der Hauptgrund ist schon durch die Änderung des Gerichtsverfassungsgesetzes beseitigt, durch welches künftig das älteste Mitglied der Kammer nicht von vornherein, sondern erst bei Behinderung des vom Präsidium bestellten regelmäßigen Vertreters für den Vorsitzenden eintritt.

Der weitere Grund, der angeführt ist, kann nur überraschen. Die Erhöhung des Interesses der Beisitzer, das als ein Inhalt ihrer Richterpflicht ohne besondere Hilfsmittel als vorhanden angenommen werden muß, ist nicht die Aufgabe des Gesetzes, wenn es gilt, die für den Ausgang der Sache so wichtigen Funktionen zu regeln. Ebensowenig kann die Vorbereitung der Richter für die etwaige Erlangung der Stellung eines Vorsitzenden dahin gerechnet werden.

Dagegen erscheint es sehr berechtigt, wenn in der Kommission geltend gemacht ist, daß jene Einrichtung bei den Militärgerichten sich nicht zur Übertragung auf Zivilgerichte eignet. Dort fließt sie offenbar aus der Erwägung, daß der Offizier, dem nach der ganzen Struktur des Militärstrafverfahrens notwendigerweise der Vorsitz übertragen werden muß, fast ausnahmslos nicht mit der Rechtskenntnis ausgestattet sein wird, welche zur Ausübung jener

Funktionen erforderlich ist. Hier ist umgekehrt gerade mit Rücksicht hierauf der Vorsitzende bestimmt worden.

Es ist wirklich kaum nötig, auf die schiefe Stellung noch besonders hinzuweisen, in welche bei Übertragung der Vernehmung des Angeklagten und der Beweisaufnahme auf einen Beisitzer sowohl dieser selbst als auch der Vorsitzende geraten werden. Da die Übertragung ganz oder zum Teil soll erfolgen können, so muß der Beisitzer jeden Augenblick gewärtig sein, daß der Vorsitzende, welcher der Art und Weise seiner Verhandlung keinen Beifall schenkt, ihm die Tätigkeit wieder abnimmt und ihn in die Reihe der übrigen Beisitzer zurücktreten läßt, was seiner Tätigkeit die erforderliche Sicherheit nimmt und eventuell sogar fast beschämend wirken würde.

Der Vorsitzende selbst aber gibt mit der Übertragung der fraglichen Vernehmungen zunächst das aus der Hand, was hauptsächlich das Wesen des Vorsitzes ausmacht und hat von dem Augenblicke an kaum noch eine innere Berechtigung, den hervorragenden Platz beizubehalten. Ist auch, wie schon bemerkt, mit der Gefahr eines Strebertums in den Reihen der Beisitzer kaum zu rechnen, so ist doch die Möglichkeit nicht ganz außer acht zu lassen, daß der zur Aktion berufene Beisitzer den Vorsitzenden vielleicht weit überragt, was nicht zur Hebung der für diesen unentbehrlichen Autorität führen könnte.

Daß man sich trotz aller dieser, nicht gesuchten, sondern ziemlich naheliegenden Bedenken auf seiten der Regierung entschlossen hat, eine solche Einrichtung in dem Entwurfe in Vorschlag zu bringen, läßt fast den Gedanken aufkommen, daß dabei justizökonomische Erwägungen mitgesprochen haben, auf welchen vielleicht auch der Vorschlag eines zweiten Berufsrichters neben dem Vorsitzenden in den Strafkammern beruht. Solche Erwägungen aber würden als berechtigt nicht anerkannt werden dürfen.

In Anbetracht aller dieser Gründe muß hier entschieden dafür eingetreten werden, daß man das Experiment auf sich beruhen läßt und bei der alten bewährten Einrichtung stehen bleibt, nach welcher der Vorsitzende in der Hauptverhandlung alle zu seinem Amte gehörenden Funktionen ausnahmslos selbst ausübt.

5. Die beisitzenden Richter.

Es liegt in der Natur der Sache, daß die beisitzenden Richter in der Hauptverhandlung wenig hervortreten. Das ist an sich kein Mangel; sie teilen dieses Schicksal, wenn man es so nennen will, mit den Mitgliedern jedes unter der Leitung eines Vorsitzenden tätig werdenden Kollegiums. Ihre Hauptaufgabe besteht in ihrer Teilnahme an den Beratungen, den Beschlüssen und an der Urteilsfällung; in der Hauptverhandlung verhalten sie sich allerdings vorwiegend nicht passiv, wie man in der Kommission geglaubt hat, sondern rezeptiv. Es besteht kein Bedürfnis, darin eine Änderung eintreten zu lassen.

Völlig zur Untätigkeit sind sie aber auch in der Hauptverhandlung selbst nicht verurteilt. Nach § 235 des Entwurfs ist bei der Vernehmung von Zeugen und Sachverständigen ihnen auf Verlangen zu gestatten, unmittelbar Fragen an den Zeugen oder Sachverständigen zu richten. Dieses Recht ist bedeutungsvoll. Es wird ihnen dadurch möglich, einer von der Auffassung des Vorsitzenden vielleicht abweichenden Beurteilung der Sache, ohne dessen Kontrolle, Rechnung zu tragen und die Verhandlung zu einem ihnen als richtig vorschwebenden Ergebnis hinzuleiten. Aber auch sonst ist die Bestimmung deshalb von Wert, weil sie dazu nötigt, den Gang der Verhandlung und die Ergebnisse der vom Vorsitzenden geleiteten Vernehmungen immer genau im Auge zu behalten, schon um zu ermessen, ob sie nicht selbst zur Ergänzung dieser werden eingreifen müssen.

Davon abgesehen, bleibt für eine Regelung der Aufgabe der beisitzenden Richter in der Hauptverhandlung im Gesetze kein Raum. Mit Entschiedenheit aber muß beanstandet werden, was im § 231 Abs. 4 des Entwurfs in dieser Beziehung unternommen ist. Hier heißt es: „Die Mitglieder des Gerichts sollen sich einer Kundgebung ihrer Ansicht über die Schuld oder Nichtschuld des Angeklagten enthalten.“ Das ist zweifellos ihre Pflicht; aber diese Pflicht müssen sie von selbst üben, und nötigenfalls sind sie durch den Vorsitzenden an sie zu erinnern. In das Gesetz, welches das Verfahren vor diesem Gerichte ordnet, gehört ein solcher Satz ebensowenig, wie im übrigen die Richterpflichten dort werden festzustellen sein.

6. Die Urteilsfällung.

Die Urteilsfällung kann im allgemeinen ihrem Wesen nach nicht wohl Gegenstand prozessualischer Bestimmungen sein. Damit, daß das Gericht ein Urteil zu fällen und zu verkünden hat, ist in der Hauptsache alles gesagt, was das Gesetz sagen kann. In einer Beziehung aber hat es schon das zurzeit geltende Gesetz und jetzt wieder der Entwurf der Strafprozeßordnung unternommen, weitere Vorschriften zu machen, nämlich in betreff des Stimmenverhältnisses, das vorhanden sein soll bei der Beurteilung der Schuldfrage.

Im § 256 des Entwurfs ist bestimmt: „Zu jeder dem Angeklagten nachteiligen Entscheidung, welche die Schuldfrage betrifft, ist eine Mehrheit von zwei Dritteilen der Stimmen erforderlich. Die Schuldfrage umfaßt auch solche vom Strafgesetze besonders vorgesehene Umstände, welche die Strafbarkeit der Tat ausschließen, vermindern oder erhöhen." Damit ist der Grundsatz der einfachen Mehrheit, der sonst auch in Richterkollegien maßgebend ist, verlassen. Dagegen soll hier nicht polemisiert werden, wenn auch ein zwingender Grund zu dieser Bestimmung nicht anerkannt werden kann. Aber die eigentümliche Art dieser allgemeinen, auf alle Strafgerichte sich beziehenden Bestimmung soll mit Rücksicht auf ihre Anwendbarkeit bemängelt werden.

In den Amtsgerichten fungieren drei Richter: ein Amtsrichter und zwei Schöffen. Bei ihnen bedarf es also einer solchen Vorschrift deshalb nicht, weil die einfache Mehrheit mit der Mehrheit von zwei Dritteilen zusammenfällt. Für die Beurteilung der Schuldfrage durch die Geschworenen sind im § 294 besondere Vorschriften gegeben, welche die Anwendbarkeit der allgemeinen Bestimmung des § 256 ausschließen.

Eine solche liegt also an sich nur vor bei den Landgerichten und dem Reichsgericht. Aber jene entscheiden nach dem Vorschlage des Gesetzentwurfs in der Besetzung mit fünf Richtern: zwei Berufsrichtern und drei Schöffen, dieses in der Besetzung mit sieben Richtern, eine Drittelung ist also bei beiden nicht möglich.

Mit Rücksicht hierauf erscheint es doch mehr zutreffend, von einer in ihrer Anwendbarkeit so sehr beschränkten allgemeinen Vorschrift, wie sie der § 256 des Entwurfs enthält, abzusehen und statt dessen sowohl für die Landgerichte wie für das Reichsgericht ein diese Gerichte speziell angehendes Stimmenverhältnis vorzuschreiben. Nur wenn man dazu übergehen sollte, die Besetzung der Gerichte anders zu ordnen, und zwar in der Art, daß bei ihnen für eine Dritteilung die Möglichkeit begründet würde, könnte, falls man den Grundsatz des § 256 des Entwurfs beibehalten will, wieder Anlaß zur Aufstellung einer allgemeinen Regel gegeben sein.

IIa. Besonderheiten des schwurgerichtlichen Verfahrens.

1. Allgemeines hierüber.

Daß gewisse Mängel in dem zurzeit geltenden schwurgerichtlichen Verfahren vorhanden seien, hat auch die Regierung in der Begründung des Entwurfs betr. Änderungen des GVG. anerkannt. Nichtsdestoweniger hat sie von einer Beseitigung solcher Mängel abgesehen. Sie erklärt, auch eine Reform des Schwurgerichts unterliege Bedenken, denn sie würde sich nur unter Aufgabe wesentlicher Eigentümlichkeiten der Schwurgerichte durchführen lassen. Die dieserhalb von vielen Seiten gemachten Vorschläge bekämpft sie zunächst aus dem Gesichtspunkte der dadurch herbeigeführten Annäherung der Schwurgerichte an das System der Schöffengerichte, die ihr ein besonderer Anstoß zu sein scheint. Aber auch andere, als Mängel des Schwurgerichts bezeichnete Einrichtungen: das peremptorische Ablehnungsrecht, die Fragestellung und die Rechtsbelehrung der Geschworenen durch den Vorsitzenden erklärt die Regierung für Kennzeichen der Schwurgerichte, die sich in allen Gesetzgebungen finden und die trotz einiger mit ihnen verbundenen Mißstände dazu beitragen, den Schwurgerichten ihr besonderes Ansehen zu verschaffen.

Diese Entschließung und ihre Begründung hat wohl mit Recht ein gewisses Aufsehen gemacht. Daß es bei der Ausführung einer den gesamten Strafprozeß und die mit ihm in Beziehung stehende Gerichtsverfassung betreffenden Reform, wenn die Frage einer Verbesserung des schwurgerichtlichen Verfahrens aufgeworfen wird, hauptsächlich darauf ankomme, die „Eigentümlichkeiten“ dieses Verfahrens, auch wenn anerkannt werden muß, daß sie Mißstände enthalten, zu konservieren, weil in diesen Eigentümlichkeiten, also doch auch in den Mißständen, das Wesen des Schwurgerichts begründet sei, wirkt in der Tat überraschend. Es hat sich deshalb in der Presse die etwas zynische Bemerkung hervorgewagt, es gewinne den Anschein, als ob es darauf angelegt sei, daß die Schwurgerichte sich selbst ruinieren sollten, um sie auf diesem Wege aus den deutschen Strafgerichten endlich verschwinden zu lassen.

Davon kann selbstverständlich nicht die Rede sein. Die Erklärung in der Begründung des Entwurfs ist mit ihren Konsequenzen in der Aufrechterhaltung aller bisherigen wesentlichen Bestimmungen des schwurgerichtlichen Verfahrens natürlich ernst gemeint.

Aber es soll doch hier versucht werden, bei einigen der am lebhaftesten empfundenen Mängel dieses Verfahrens die Möglichkeit einer Besserung zu erörtern.

Es wird dabei eingegangen werden auf den verdienstvollen Vortrag, den Professor Kahl schon vor einigen Jahren über diesen Gegenstand gehalten hat und der später auch durch den Druck weiteren Kreisen bekannt geworden ist.

2. Die Periodizität der Schwurgerichte.

Als einer der zuerst in die Augen springenden Mängel ist zu bezeichnen die Einrichtung, daß die Schwurgerichte nur periodenweise zusammentreten, daß nur diejenigen Strafsachen bei ihnen verhandelt und abgeurteilt werden, die bis zu dem Zeitpunkte des Zusammentritts, oder doch wenigstens während dessen Dauer, spruchreif und vor diese Gerichte verwiesen werden. Professor Kahl bezeichnet gewiß mit Recht als nachteilige Folgen dieser Einrichtung, daß dadurch leicht eine unnötige Verlängerung der Untersuchungshaft herbeigeführt werden könne. Wenn man davon ausgeht, daß jede Untersuchungshaft ein Übel ist, sei sie nun durch Flucht- oder Kollusionsverdacht veranlaßt, und daß man von einem noch nicht schuldig befundenen Verdächtigen dieses Übel nach Möglichkeit fernhalten muß, so wird man zugestehen müssen, daß dieser Nachteil des nur periodisch erfolgenden Zusammentritts der Schwurgerichte kein geringfügiger ist.

Ebenso wird man dem genannten Gelehrten darin zustimmen müssen, wenn er meint, daß jene Periodizität der ganzen Einrichtung des Schwurgerichts etwas Außergewöhnliches und Seltsames gebe. „Das Schwurgericht tritt wieder zusammen!" So heißt es einige Zeit vor der Eröffnung in der Presse. Bald nachher folgen dann auch die Mitteilung der Tagesordnung und die Namen der vom Landgericht ausgelosten Geschworenen, mitunter sogar unter Hinweis auf den sensationellen Charakter einer bevorstehenden Verhandlung. Darin liegt eine unerfreuliche Aufbauschung der Wichtigkeit von schwurgerichtlichen Verhandlungen. In Wirklichkeit handelt es sich ja doch nur darum, daß einige schwerere Straftaten auf dem gesetzlich geordneten Wege ihre Aburteilung erfahren sollen. Ein gewisser dramatischer Effekt ist ja ohnedies von einer öffentlichen Strafverhandlung kaum ganz zu trennen; aber man muß doch darauf Bedacht nehmen, diesen nicht unnötig zu verstärken und es vermeiden, einem Akte der Rechtspflege einen theatralischen Charakter zu geben. Aber darauf kommt es zum Teil den entschiedenen Anhängern der Schwurgerichte gerade an, sie möchten diese Zutat nicht gerne missen.

Außer diesen nachteiligen Wirkungen der Periodizität kann aber noch geltend gemacht werden, daß sie ungünstig auf die Voruntersuchungen einwirkt. Eine Reihe von Voruntersuchungen, die nach dem Gesetze in Schwurgerichtssachen obligatorisch sind, ist bei einigermaßen großen Landgerichten immer anhängig. Sie halten die Untersuchungsrichter oft sehr in Atem. Erfahrungsmäßig besteht das Bestreben, die anhängigen Sachen zu dem nächsten bevorstehenden Schwurgerichte womöglich fertigzustellen. Das ist gewiß anerkennenswert; aber eine dadurch leicht veranlaßte Hast gereicht einzelnen Sachen, welche eine ruhigere Behandlung erfordern, mitunter zum Nachteil. Die Strafkammer, welcher die Sachen mit dem Antrage auf Eröffnung des Hauptverfahrens vor dem Schwurgerichte vorgelegt werden, läßt sich durch das nämliche Bestreben leiten. Sie drückt mitunter ein Auge zu, wenn sie findet, daß einzelne Belastungs- oder Entlastungsmomente eigentlich in der Voruntersuchung eine gründlichere Aufklärung hätten erfahren müssen, und gibt sich der Hoffnung hin, daß in der Hauptverhandlung sich das nachholen lassen werde. Der Zweck der Voruntersuchung besteht allerdings nicht darin, Feststellungen zu treffen, auf Grund deren auch nach altem schriftlichen Verfahren eine Entscheidung in der Sache hätte erfolgen können. Sie sollen nur die Frage beantwortungsfähig machen, ob das Hauptverfahren vor dem erkennenden Gerichte zu eröffnen sei. Aber auch dazu gehört, daß alle wesentlichen Umstände des Sachverhältnisses bis zu einem gewissen Grade klargelegt werden. Läßt sich nun die Strafkammer verleiten, das Hauptverfahren zu eröffnen, obwohl jenes Ziel in Wirklichkeit noch nicht erreicht ist, und wird ihre Hoffnung, daß die Hauptverhandlung diesen Mangel ausgleichen werde, getäuscht, so entsteht die peinliche Lage, entweder eine mit vielleicht großem Beweismaterial belastete Strafsache zu vertagen, was jedenfalls nach verschiedenen Richtungen unerfreulich ist, oder man bringt eine unfertige Sache zum Spruch, was als unverantwortlich angesehen werden muß.

Das sind zwar, wie zugegeben werden muß, nicht unmittelbare Nachteile der Periodizität, sondern Fehler der mit der Bearbeitung der Schwurgerichtssachen betrauten Organe; aber diese Fehler beruhen auf menschlichen Schwächen, welche durch jene Einrichtung hervorgerufen werden und mit ihr verschwinden würden. Es wird daher hier unbedenklich zugestimmt, wenn Prof. Kahl fragt: „Warum sollte sich nicht ein (wöchentlicher) ordentlicher Schwurgerichtstag bei den Landgerichten einrichten lassen?" Und wenn er die Frage dahin beantwortet, die Bildung von Jahres- und Spruchliste könnte zusammengezogen, die Spruchliste für die voraus bestimmten ordentlichen Sitzungstage den Parteien acht Tage vor dem Termin zugestellt werden.

3. Die Ablehnung der Geschworenen.

Der eben erörterte ist nur ein äußerer, wenn auch nicht unbedeutender Mangel der jetzigen Einrichtung des Schwurgerichtsverfahrens; viel wichtiger noch sind andere, welche die Verhandlung selbst betreffen. Unter ihnen steht obenan die Art und Weise der Ablehnung der bei der Verhandlung einer anstehenden Sache ausgelosten Geschworenen.

Es ist nicht zu entbehren, daß ein Angeklagter das Recht erhält, von seinen Richtern diejenigen abzulehnen, bei welchen die begründete Besorgnis der Befangenheit besteht. Auf welche Weise ein solches Ablehnungsgesuch begründet werden kann, und auf welche Weise darüber entschieden wird, ist denn auch in der StPO. §§ 15—24, in welchen auch der Ausschluß der Richter von der Ausübung ihres Amtes ohne Ablehnung, kraft Gesetzes, geordnet ist, eingehend bestimmt worden. Man sollte denken, daß diese Bestimmungen ebenso Platz greifen müßten, wenn es sich um die den Richtern sonst tunlichst gleichgestellten Geschworenen handelte, welche zwar keine in Eid und Pflicht stehende Staatsbeamte, aber doch auch durch einen Eid zur gewissenhaften Wahrnehmung ihres Amtes verpflichtet worden sind.

Aber dem ist nicht so. Wie schon bisher, so sollen auch künftig nach den §§ 273—275 des Entwurfs der StPO. von den ausgelosten Geschworenen durch den Staatsanwalt und den Angeklagten ohne Angabe von Gründen so viele abgelehnt werden können, als über die zur Bildung der Geschworenenbank erforderliche Zahl anwesend sind.

Das sieht nach dem Gesetz viel harmloser aus, als es in Wirklichkeit ist. Es handelt sich dabei nicht um eine tunlichst weitherzige Ausdehnung des Ablehnungsrechts, bei der insbesondere dem Angeklagten die Möglichkeit gegeben ist, ohne Angabe, vielleicht nicht ohne Schwierigkeiten nachweisbarer wirklicher Gründe die Befangenheit eines Geschworenen geltend und unschädlich zu machen, sondern, wie jedermann weiß, oft, wenn nicht sogar meist, um eine tendenziöse Purifizierung der Geschworenenbank, bei der auch noch nicht ganz würdige Gefälligkeiten zur Entlastung der Geschworenen unterlaufen.

Man muß sich, um die ganze Bedeutung des Vorgangs richtig zu würdigen, vergegenwärtigen, was alles vorangegangen ist. Das Gesetz stellt zunächst die Kategorien von Personen fest, aus welchen die Geschworenen stammen. Aus den dieserhalb aufgestellten Listen wird unter Mitwirkung eines richterlichen und eines Landesverwaltungsbeamten sowie unter Zuziehung von Vertrauensmännern, welche auf gesetzlich geordnetem Wege erwählt worden sind, eine Vorschlagsliste für das Amt der Geschworenen für das betr. Landgericht aufgestellt, wie das schon oben in dem das Gerichtsverfassungsgesetz betr. Abschnitte dargelegt ist. Aus dieser

Vorschlagsliste wählt das Landgericht — fünf Mitglieder einschließlich des Präsidenten — die für das Geschäftsjahr erforderliche Zahl von Geschworenen aus. Aus dieser Jahresliste werden alsdann in öffentlicher Sitzung des Landgerichts kurz vor dem Beginne der nächsten Sitzungsperiode 22 Geschworene ausgelost, von welchen mindestens 18 erschienen sein müssen.

Das alles ist mit Sorgfalt und Gewissenhaftigkeit ausgeführt worden. So weit als möglich ist auch im Justizverwaltungswege durch Belehrung über die Erfordernisse schon vor der Bildung der allgemeinen Vorschlagsliste darauf hingewirkt, daß geeignete, d. h. einsichtige, ehrenwerte und unabhängige Männer in Vorschlag gebracht werden. Man sollte denken, es wäre eher ein Übermaß als ein Mangel an Fürsorge darin zu finden. Aber dem Institute des Ablehnungsrechts im schwurgerichtlichen Verfahren gegenüber bedeutet das alles nichts. Trotz jener Fürsorge werden die Geschworenen nicht wegen des Vorhandenseins von Ablehnungsgründen, sondern nach Willkür durch Ablehnung von der Mitwirkung ausgeschlossen.

Man muß nur die Wirkung solcher Ablehnungen beobachtet haben, um sie richtig würdigen zu können.

Unter den erschienenen Geschworenen sind natürlich nicht selten Personen, die sich nur höchst ungern, vielleicht sogar zu ihrem nicht geringen Schaden von ihren regelmäßigen Berufsgeschäften freigemacht haben. Sie haben der an sie ergangenen Ladung, die, nicht sehr angemessenerweise statt durch den Vorsitzenden des Schwurgerichts durch die Staatsanwaltschaft an sie ergangen ist, folgen müssen und sind nun bereit, mit Pflichttreue ihr Amt zu üben. Aber als ihr Name aus der Urne gezogen und laut verkündet wird, tönt ihnen ein „Abgelehnt" entgegen. Sie sehen verwundert, mitunter sogar mit einem Anstrich von Kränkung, auf diesen eigentümlichen Vorgang, treten zurück und müssen vielleicht während einer langen Sitzungsperiode, statt an den eigenen dringenden Geschäften teilzunehmen, untätig in der Landgerichtsstadt zubringen. Das ist eine weitere von den „Eigentümlichkeiten" des Schwurgerichts, welche der Entwurf glaubt nicht ohne wesentliche Beeinträchtigung des ganzen Instituts beseitigen zu können.

Im Gegensatze zu dieser Auffassung wird hier mit Entschiedenheit für eine Änderung des Ablehnungsverfahrens eingetreten. Prof. Kahl, welcher sich in dem erwähnten Vortrage auch hierüber ausgelassen hat, empfiehlt, die Ablehnung der Geschworenen nach den nämlichen sachlichen Gesichtspunkten wie die der Richter und Schöffen zu behandeln. Er schlägt vor, die Entscheidung hierüber dem Richterkollegium des Schwurgerichts zu übertragen, und meint, in einer achttägigen Frist nach Zustellung der Spruchliste der Geschworenen lasse sich das unschwer erreichen.

Diesem Vorschlage kann nur beigepflichtet werden. Es ist unerfindlich, wie man das jetzige Ablehnungsverfahren für eine zu konservierende Eigentümlichkeit des schwurgerichtlichen Verfahrens erklären kann.

4. Die Fragestellung.

Während über die Teilnahme der Geschworenen an der Verhandlung im § 179 des Entwurfs nichts weiter gesagt ist und auch wohl nicht zu sagen war, als daß sie dauernd in der Verhandlung gegenwärtig sein müssen, und daß der Vorsitzende auf Verlangen jedem Geschworenen zu gestatten habe, Fragen an die Zeugen und Sachverständigen zu richten, ist über die den Geschworenen vorzulegenden Fragen in den §§ 280—287 des Entwurfs in sehr eingehender Weise Bestimmung getroffen.

Diese Fragestellung hat von jeher einen besonderen Angriffspunkt für alle Gegner des schwurgerichtlichen Verfahrens abgegeben. Es ist auch unbestreitbar, daß sich in ihr hauptsächlich der Unterschied von dem Verfahren vor einem Schöffengerichte insofern verkörpert, als in diesem die Schöffen mit der ganzen zu entscheidenden Sache, ganz ebenso wie die Berufsrichter, befaßt sind, während das Gesetz die Geschworenen auf die Beantwortung der ihnen vorzulegenden Fragen beschränkt. Es ist dies eine dem englischen Strafverfahren, der ursprünglichen Quelle des Schwurgerichtsverfahrens, völlig fremde, erst in Frankreich ausgebildete und von dort nach Deutschland übertragene, hier aber auch schon dem Wechsel unterworfen gewesene Einrichtung.

Die Polemik, welche sich gegen diese Fragestellung wendet, ist deshalb auch nur eine besondere Kampfesart gegen das Schwurgericht überhaupt. Sie besteht hauptsächlich in der Hervorhebung ihrer Schattenseiten, insbesondere der für die Beantwortung der Fragen bei den Geschworenen bestehenden Schwierigkeiten und kann daher hier, wo es sich nur noch um Verbesserungen des schwurgerichtlichen Verfahrens handelt, nicht mehr in Frage kommen. Es ist auch Prof. Kahl darin unbedingt beizupflichten, daß eine Fragestellung an sich keine verkehrte Einrichtung genannt werden kann, sondern zum Wesen jeder Abstimmung und Beschlußfassung, auch in Richterkollegien, gehört, in welchen sie nur nicht in so formalistischer Weise in die Erscheinung tritt.

Nach § 280 des Entwurfs werden die den Geschworenen vorzulegenden Fragen, welche von dem Vorsitzenden zu entwerfen sind, nach dem Schlusse der Beweisaufnahme verlesen. In dem § 281 ist dann die Befugnis jedes Geschworenen, des Staatsanwalts und des Angeklagten, Einwendungen gegen die Fragestellung zu erheben und ihre Änderung oder Ergänzung zu beantragen, sowie die Art und Weise festgestellt, wie sich dies erledigen soll, was auch für solche Anträge aus der Mitte des Gerichts Anwendung findet. Der § 282 enthält Bestimmungen über die Form der Fragen; der § 283 behandelt den Inhalt der Hauptschuldfrage, der § 284 die auf neu hervorgetretene Umstände zu richtenden Hilfsfragen, der § 285 die Nebenfragen auf im Gesetz vorgesehene Umstände, welche die Strafbarkeit der Tat vermindern, erhöhen oder wieder aufheben und auf die etwa für die Strafbarkeit in Betracht kommende Einsicht des Angeklagten zur Erkenntnis der Strafbarkeit seiner Tat; der § 286 regelt die Behandlung der Frage nach dem Vorhandensein „mildernder Umstände"; der § 287 endlich stellt die Voraussetzungen fest, unter welchen Anträge auf Hilfs- oder Nebenfragen abgelehnt werden können.

Den äußeren Vorgang der Fragestellung anlangend, so bestimmt der § 280 noch, daß auf Anordnung des Vorsitzenden jeder Geschworene, der Staatsanwalt und der Angeklagte auf Antrag eine Abschrift der Fragen erhalten kann, und daß auf Verlangen eines dieser Beteiligten zur Prüfung der Fragen der Vorsitzende die Verhandlung zu unterbrechen hat.

Prof. Kahl hat es unternommen, die aus der Bewältigung dieser Fragestellung den Geschworenen naturgemäß erwachsenden

Schwierigkeiten durch verschiedene, von ihm vorgeschlagene Verbesserungen zu mildern.

Wenn er in erster Linie auf das oft wenig gute Deutsch in der Fassung der Fragen und die „monstra“ von Fragebogen hinweist, so ist ihm darin gewiß beizupflichten, daß die Fassung der Fragen in gutem Deutsch sehr wünschenswert ist; nur liegt die Verwirklichung dieses Wunsches außerhalb der Aufgaben des Gesetzes, wie auch die „monstra“ von Fragebogen, wenn nicht das unvermeidliche Ergebnis komplizierter Straffälle, so die Folge von Anträgen der Beteiligten sind, die zwar oft in dem Sachverhalt wenig Anhalt haben, aber nach der Bestimmung des Gesetzes nicht abgelehnt werden können.

Unbedenklich wird ihm auch zugestimmt werden dürfen, wenn er die Bestimmung des § 280 wegen Unterbrechung der Verhandlung zur Prüfung der Fragen dahin erweitert zu sehen wünscht, daß sich die Geschworenen zu diesem Zwecke beraten dürfen. Der Staatsanwalt und der Angeklagte oder dessen Verteidiger brauchen nur mit sich selbst zu Rate zu gehen. Die Geschworenen bilden eine Korporation, welche demnächst gemeinsam beraten und beschließen soll. Nichts erscheint natürlicher, als daß sie sich schon gemeinsam über die Fassung der von ihnen allen zu beantwortenden Fragen und über den Sinn, in welchem sie aufzufassen seien, beraten, ehe sie ihr Recht, Änderungen zu beantragen, ausüben. Es ist nicht abzusehen, welcher Nachteil für die Sache daraus entstehen sollte.

Was aber weiter von Prof. Kahl wegen des Inhalts der Fragen zur Verbesserung in Vorschlag gebracht wird, kann hier nicht befürwortet werden.

Er empfiehlt, um eine bessere Unterlage für die Nachprüfung des Revisionsgerichts in der Richtung zu schaffen, ob der Spruch der Geschworenen eine zutreffende Subsumtion der Tatsachen unter das Gesetz ermögliche, nach dem Vorbilde der österreichischen Strafprozeßordnung von 1873 sog. „Zusatzfragen“ zuzulassen, welche neben der Beantwortung der Hauptfrage über die Schuld des Angeklagten den Geschworenen die Möglichkeit eröffnen würden, sich darüber auszusprechen, in welchen Tatsachen die gesetzlichen Merkmale des Verbrechens gefunden oder nicht gefunden worden sind.

Ob diese Einrichtung sich in Österreich irgendwie bewährt hat, darüber kann hier nichts mitgeteilt werden, aber daß sie zur Erleichterung der Geschworenen in der Erfüllung ihrer Aufgabe oder überhaupt in irgendeiner Richtung zur Vervollkommnung des schwurgerichtlichen Verfahrens führen würde, kann nicht angenommen werden. Sie würde, wie auch nicht verkannt worden ist, eine Art von Begründung des Spruches der Geschworenen darstellen, die das Revisionsgericht vielleicht oft in Tätigkeit setzen, im übrigen aber, wie jede halbe Maßregel, vom Übel sein würde. Wer Entscheidungsgründe haben will, muß sich zu Schöffengerichten bekennen; eine Geschworenenbank ist nicht geeignet, über Entscheidungsgründe abzustimmen und diese zu formulieren.

Noch weniger kann Prof. Kahl gefolgt werden, wenn er es für erwägenswert erklärt, den Geschworenen das Recht zu geben, auch außerhalb der Fragestellung selbständige Erklärungen abzugeben. Er verkennt dabei nicht, daß dies eine dem englischen sogenannten „Spezialverdikt“ nachgebildete Einrichtung wäre, die er aber deshalb glaubt befürworten zu sollen, weil der Wahrheit und Klarheit bei der Rechtsprechung jeder Formalismus untergeordnet werden müsse. Er stellt sogar als Prinzip auf, daß den Geschworenen das Recht zustehen müsse, etwas sagen zu dürfen, wonach sie nicht ausdrücklich gefragt seien, wenn sie anders ihrer Pflicht und ihrem Gewissen nicht glauben gerecht werden zu können.

Das englische „Spezialverdikt“, ein Ausspruch der Geschworenen über das Vorhandensein eines in der Anklage nicht vorgesehenen Tatbestandes, ist von der übrigen Gestaltung des englischen Geschworenengerichts, in welchem der Vorsitzende einen maßgebenden Einfluß übt und mit seiner Ansicht über den abzugebenden Spruch nicht zurückhält, und welches daher einem deutschen Schöffengericht fast ähnlicher sieht als einem deutschen Schwurgericht, nicht wohl zu trennen.

Auch hier stößt man wieder auf das Bestreben, schöffengerichtliche Vorzüge in das Schwurgericht einzuschmuggeln, dem Widerstand geleistet werden muß.

Es wird hier umgekehrt der Grundsatz vertreten, daß die Geschworenen streng auf das durch die Fragestellung begrenzte Gebiet beschränkt werden müssen. Ein Nachlassen in dieser Begrenzung könnte leicht zu unerträglichen Zuständen, zu einer Überwucherung der Rechtsprechung mit unhaltbaren und schädlichen Aussprüchen führen. Schon die mitunter vorkommende Begnadigungsbefürwortung durch die Geschworenen, die leicht den Charakter einer Abschwächung des Schuldspruchs annimmt, ist eine Maßregel, die nicht in ihrem Amte liegt.

Eine ganz besondere Berücksichtigung verdient noch die im Gesetzentwurf wieder vorgesehene Aufgabe der Geschworenen, eine Frage nach dem Vorhandensein „mildernder Umstände" zu beantworten.

In einem Schöffengerichte entscheiden die Laien ganz ebenso wie die Berufsrichter über die Strafe, welche den schuldig gefundenen Angeklagten treffen soll, und es soll hier in keiner Weise dagegen opponiert werden, ihnen darauf einen legitimen Einfluß einzuräumen. Vielmehr wird von vornherein anerkannt, daß auch dieser Teil der Entscheidung, der durch ein mit Laien ausgestattetes Gericht erfolgt, Aussicht hat, mit mehr Verständnis im Volke aufgenommen zu werden, als wenn er von einem reinen Berufsgerichte erfolgt wäre.

Den Geschworenen als solchen aber auch die Bestrafung zu überlassen, ist mit Recht bisher abgelehnt worden und wird hoffentlich immer abgelehnt werden, weil diese Entscheidung ohne die Mitwirkung von Rechtsverständigen doch zu sehr gefährdet sein würde.

Man hat also an dem Satze festgehalten, daß die Strafe auch im Schwurgerichte nach Maßgabe des Spruches der Geschworenen vom Gerichte ausgesprochen werden muß. Eine Kombination von Gericht und Geschworenen zu diesem Zwecke herzustellen, wie Prof. Kahl vorschlägt, wäre doch etwas abenteuerlich und würde rückwärts der Selbständigkeit der Geschworenen den Boden entziehen.

Nun gehört aber zur Entscheidung über die Strafe die Abwägung aller Momente, welche den Grad der Strafbarkeit des Täters bedingen. Es ist von vornherein einleuchtend, daß man diese Operation einheitlich vornehmen muß, daß man sie nicht in zwei verschiedene Organe verteilen darf. Das hat man aber getan, indem man die Geschworenen über das Vorhandensein der „mildernden Umstände“ entscheiden läßt.

Ja, wenn es sich dabei nur um die Frage handelte, ob irgendwelche Umstände als vorhanden anzunehmen seien, welche das Gericht zu einer nicht zu strengen Bestrafung leiten, sondern vielmehr zu einer nachsichtigen Beurteilung veranlassen könnten, dann wäre die Sache noch unbedenklicher, wenn auch im Prinzip noch immer ungerechtfertigt. Aber die „mildernden Umstände“ des Strafgesetzbuchs, über deren Vorhandensein entschieden werden muß, haben nicht den Sinn wie die nämlichen Worte im Sprachgebrauch des gewöhnlichen Lebens. Sie haben einen ganz bestimmt strafrechtlichen Inhalt. Sie sind hervorgegangen aus dem Bedürfnis, die Gerichte zu ermächtigen, unter bestimmten Voraussetzungen die im Gesetze aufgestellte Strafe herunterzusetzen. Nachdem die Partikulargesetzgebung es eine Zeitlang unternommen hatte, jene Voraussetzungen im Gesetze selbst festzustellen, hat man in der richtigen Erkenntnis, daß dies in erschöpfender Weise nicht geschehen könne, sich entschlossen, davon abzusehen und an die Stelle jener Voraussetzungen den allgemeinen Begriff der „mildernden Umstände“ gesetzt.

Es ist damit also im Gesetze selbst eine Regel- und eine Ausnahmestrafe geschaffen worden, und wer über das Vorhandensein der „mildernden Umstände“ zu entscheiden hat, entscheidet darüber, ob eine Regel- oder eine Ausnahmestrafe eintreten soll. Es liegt auf der Hand, daß diese Entscheidung in zutreffender Weise nur von dem getroffen werden kann, der einen Einblick in das Strafsystem des Gesetzes hat, der sich vergegenwärtigen kann, unter welchen Voraussetzungen der Gesetzgeber die Regel- und unter welchen er die Ausnahmestrafe angedroht hat. Es bedarf keiner Ausführung, daß dazu die Geschworenenbank nicht imstande ist, auch wenn ihr in der Rechtsbelehrung seitens des Vorsitzenden, was erfahrungsmäßig oft nicht geschieht, der wahre Sinn dieser Frage gut erläutert sein sollte.

Es ist denn auch eine bekannte Tatsache, daß dieser Teil des Spruchs der Geschworenen oft auf den inneren Widerspruch des Gerichts stößt, und daß dieses, je nachdem es dafür hält, daß die „mildernden Umstände“ unrichtigerweise bejaht oder verneint seien, innerhalb des ihm frei bleibenden Strafrahmens seiner eigenen Beurteilung der Sache eine entschiedene Folge gibt. Es erscheint daher erwägenswert, ob es nicht angezeigt ist, dieser Zwiespältigkeit ein Ende zu machen und die Frage nach dem Vorhandensein „mildernder Umstände", indem man sie den Geschworenen entzieht, als einen untrennbaren Bestandteil der Strafzumessung dem Gerichtshofe zu überweisen.

5. Die Rechtsbelehrung.

Im wesentlichen übereinstimmend mit dem geltenden Rechte bestimmt der § 289 des Entwurfs, daß der Vorsitzende, nachdem auf die Verlesung der Fragen die Ausführungen und Anträge des Staatsanwalts und des Angeklagten zur Schuldfrage gefolgt sind, die Geschworenen über die rechtlichen Gesichtspunkte zu belehren hat, die sie bei Abgabe des Spruches in Betracht zu ziehen haben. Dabei soll er weder in eine Würdigung der Beweise eingehen, noch seine Ansicht über die Schuld oder Nichtschuld des Angeklagten in anderer Weise kundgeben.

Diese Rechtsbelehrung der Geschworenen durch den Vorsitzenden ist von jeher als eine schwache Seite der Schwurgerichte erkannt worden, und es fehlt nicht an Vorschlägen, in dieser Beziehung eine Besserung herbeizuführen. Nicht nur die Männer der Wissenschaft haben sich damit beschäftigt, sondern auch die Gesetzgebung. Nach der Prozeßordnung des Kantons Genf, dessen Gesetzgebung in Deutschland schon in anderer Beziehung Beachtung gefunden hat, insbesondere in der Gestaltung des Zivilprozesses, nimmt der Vorsitzende des Schwurgerichts, statt die Geschworenen in öffentlicher Sitzung über ihre Aufgabe zu belehren, ohne entscheidende Stimme an der Beratung teil,, in welche sie unter sich über den abzugebenden Spruch eintreten.

Alle diese Vorschläge kranken an einer Verleugnung des eigentlichen Wesens der Schwurgerichte, das, man mag sagen, was man will, in der Schrankenlosigkeit, in der Beiseitesetzung jeder Autorität, um nicht zu sagen, in der Möglichkeit, sich unter Umständen über das Gesetz hinwegzusetzen, besteht. Sie legen einen rührenden Beweis von Hilflosigkeit ab, wie diesem Mangel sollte abzuhelfen sein.

Prof. Kahl, welcher in dem mehrfach angezogenen Vertrage sich auch damit beschäftigt, verwirft deshalb auch alle jene Versuche, und darin muß man ihm gewiß beipflichten. Die Rechtsbelehrung der Geschworenen durch den Vorsitzenden gehört nun einmal ebenso zum Schwurgerichte wie die Fragestellung; der Versuch, sie auszuschalten, führt zur Verkrüppelung des Instituts.

Prof. Kahl sucht sich deshalb auf andere Weise zu helfen. Er meint, die ganze Frage verliere an Gewicht, falls eine aktuellere Beteiligung der Geschworenen an Beweisaufnahme und Fragestellung Platz griffe. Schon darin werde eine große Nachhilfe liegen, weil ja hier schon die Geschworenen die Anregung empfangen würden, die der Anklage zugrunde liegenden Tatsachen in ihrer spezifisch rechtlichen Bedeutung zu erfassen und zu überlegen. Aber er gelangt trotzdem zu Reformvorschlägen.

Er tritt für eine mindestens orientierende Rechtsbelehrung schon vor der Beweisaufnahme ein.

Er will ferner an die Stelle des Vorsitzenden einen neu eintretenden erfahrenen Richter setzen, der die Belehrung der Geschworenen übernehmen soll, und den er auf ausdrücklichen Wunsch den Geschworenen im Beratungszimmer nur zur Erläuterung seiner Rechtsbelehrung zur Verfügung stellen will.

Endlich fordert er zuletzt noch die Möglichkeit, die Rechtsbelehrung im Wege der Revision anfechten zu können.

Keinem dieser Vorschläge kann hier zugestimmt werden, sie erscheinen ebenso wie alle sonstigen Versuche der Abhilfe nur als neue Beweise der Hilflosigkeit der Einrichtung der Rechtsbelehrung gegenüber, wie denn auch die Erwartung, die Geschworenen würden durch lebhaftere Beteiligung an der Beweisaufnahme zugleich einen Gewinn für die rechtliche Beurteilung der Sache davontragen, auf Täuschung beruhen dürfte.

Eine orientierende Rechtsbelehrung vor der Beweisaufnahme — hierfür ist doch wohl wenigstens der Vorsitzende selbst in Aussicht genommen? — würde, wenn dabei die nämliche Zurückhaltung beobachtet werden soll, wie sie jetzt für den Schlußvortrag gesetzlich vorgeschrieben ist, eine kaum zu lösende Aufgabe sein.

Ganz abgesehen davon, daß die wichtigsten rechtlichen Gesichtspunkte vielleicht erst nach dem Ergebnisse der Beweisaufnahme in

Frage kommen, jene Belehrung also oft nicht vollständig sein würde, würde sie das Amt des Vorsitzenden, die Wahrung seiner Unparteilichkeit aufs ernsteste gefährden. Denn er müßte im voraus auf allerlei Dinge eingehen, die doch bis dahin nur Ergebnisse der Voruntersuchung sein können, die vielleicht durch die Beweisaufnahme ihre Bedeutung verlieren werden, den Geschworenen aber in einer schwer zu verwischenden Weise als erheblich hingestellt werden müßten.

Ein neu eintretender erfahrener Richter als Belehrer der Geschworenen, der also an der bis dahin stattgehabten Verhandlung gar nicht teilgenommen haben dürfte, denn sonst fehlte es an einem Grunde für diesen Einschub, bei dem größte Unbefangenheit die Legitimation abgeben soll, wäre nicht nur eine Erscheinung, die auf Verständnis bei keinem der Beteiligten rechnen könnte, sondern zugleich eine Anomalie der schlimmsten Art. Er müßte den Vorsitzenden in dem Momente beiseite schieben, in welchem dessen Sachkenntnis für die Geschworenen von größtem Werte sein würde. Und wie soll er selbst sich darüber informieren, worauf es bei seiner Rechtsbelehrung ankommen wird? Doch nicht etwa bei dem Vorsitzenden oder einem beisitzenden Richter? Oder gar nur aus den Akten? Dieser Vorschlag ist wohl nicht in Gefahr, angenommen zu werden.

Endlich die Revisibilität der Rechtsbelehrung, welche Prof. Kahl dadurch ermöglichen will, daß diese als integrierender Bestandteil des Sitzungsprotokolls fixiert werden soll, was nach seiner Meinung technisch keine Schwierigkeiten soll bieten können. Der Vorschlag erscheint nach den verschiedensten Richtungen nicht nur anfechtbar, sondern geradezu gefährlich.

Prof. Kahl erklärt es an sich für nicht so sehr schwierig, die Geschworenen mit dem Rüstzeug auszustatten, das sie in den Stand setzen soll, einen Einzelfall auch rechtlich zu beurteilen, und meint, daß es, wenn dies nicht gelinge, zumeist nicht am Intellekt der Geschworenen, sondern an einem Defekt des Belehrenden liege, welcher nicht gelernt habe, Rechtsfragen in „volkstümlicher" Weise vorzutragen. Woher diese Erfahrung genommen ist, wird nicht mitgeteilt und ist ohne solche Darlegung nicht erkennbar. Aber jeder Richter, der in der Lage gewesen ist den Vorsitz im Schwurgerichte zu führen, weiß, daß es keine einfache Aufgabe ist, die Merkmale einer Straftat, denn darauf kommt es doch hinaus, wenn die Geschworenen die Subsumtion der Tatsachen selbständig beurteilen sollen, in einer Weise ihnen zu verdeutlichen, welche gegen Irrtum schützt. Zwar sind aus dem künftigen Gebiete der Schwurgerichte Verbrechen, wie z. B. der betrügliche Bankrott, bei welchem dies ganz besondere Schwierigkeiten bietet, entfernt, aber es sind doch noch immer Straftaten genug übrig geblieben, bei denen es ein schweres Stück Arbeit bedeutet, ihre Merkmale „volkstümlich vorzutragen". Dieser Aufgabe wird sich jeder Vorsitzende nach besten Kräften unterziehen. Aber eine Erleichterung wird es ihm nicht schaffen, wenn er von vornherein unter Kontrolle gestellt werden soll, damit demnächst der Revisionsrichter prüfen kann, ob auch jedes Wort die Kritik verträgt, das er gesprochen hat. Soll dies, wie Prof. Kahl verlangt, „volkstümlich" vor sich gehen, so ist eine gewisse Breite doch unvermeidlich, bei der eben nicht jedes Wort vorher auf die Goldwage gelegt werden kann. Vielleicht laufen dabei auch eigene Berichtigungen des Vorsitzenden unter. Soll das Revisionsgericht diese auch berücksichtigen und über einen nicht zutreffend ausgesprochenen Rechtssatz hinwegsehen, wenn er hinterher zurückgenommen ist? Aber vielleicht hat ein Geschworener oder gar mehrere die Berichtigung überhört und bleibt auf der irrigen Belehrung haften!

Und wie soll die Fixierung der Belehrung zu Protokoll erfolgen, bei der Prof. Kahl keine technischen Schwierigkeiten sieht? Das könnte jedenfalls nur durch einen in der Stenographie vollendet ausgebildeten Juristen, der dazu besonders verpflichtet werden müßte, geschehen, und der sein Stenogramm dann wieder übersetzt zu den Akten würde liefern müssen.

Eine nicht unbeträchtliche Vermehrung der Revisionsfälle würde voraussichtlich das ziemlich sichere Ergebnis einer solchen Einrichtung werden. Daß die Rechtspflege dadurch gewinnen würde, erscheint vorderhand mehr als problematisch. Wer A sagt, muß B sagen. Will man sich das vermeintliche Palladium der Schwurgerichte erhalten, so muß man auch seine Schattenseiten in den Kauf nehmen.

Das Höchste, was bei der Rechtsbelehrung des Vorsitzenden zu erreichen ist, besteht darin, daß dieser dazu geeignet ist, sie zu erteilen, und daß er selbst am Schluß die freilich noch immer trügerische Überzeugung hegt, sich deutlich ausgedrückt zu haben und verstanden worden zu sein.

Es wird nicht als unberechtigt bezeichnet werden dürfen, wenn am Schluß dieser Betrachtungen über die Besonderheiten des schwurgerichtlichen Verfahrens die Behauptung aufgestellt wird, daß dasjenige, was im Abschnitte über die Gerichtsverfassung zur Begründung eines abfälligen Urteils über diese Art von Gerichten gesagt worden ist, dadurch nur eine Verschärfung erfahren hat. Einige kleine Hausmittel haben sich zwar als empfehlenswert herausgestellt; ein Radikalmittel, welches zur Heilung der Schäden führen könnte, ist nicht auffindbar.

III. Verfahren vor den Berufungsgerichten.

Es besteht nicht die Absicht, in dem nachfolgenden Teile der Ausführungen sich über den gesamten Inhalt der im vorliegenden Gesetzentwurfe über das Berufungsverfahren enthaltenen Bestimmungen noch eingehend auszusprechen.

Es wird nur mit Befriedigung konstatiert werden dürfen, daß durch den § 317 des Entwurfs, welcher vorschreibt, daß der Beschwerdeführer zu erklären habe, inwieweit er das Urteil anfechte und dessen Aufhebung beantragen wolle, worüber weiterhin im § 318 die den Angeklagten hinreichend schützenden formalen Bestimmungen angegeben sind, es ermöglicht ist, das Berufungsverfahren auf seinen wirklichen Zweck zu beschränken und vor der Gefahr zu bewahren, zu einer die Rechtspflege erdrückenden Einrichtung zu werden; und daß unter Beseitigung der verfehlten Bestimmungen des geltenden Rechts im § 323 des Entwurfs auch für die Berufsverhandlung der Grundsatz der Unmittelbarkeit ebenso wie für die Hauptverhandlung erster Instanz rein zur Geltung gebracht worden ist.

Nur in einer Beziehung soll hier der Struktur der Hauptverhandlung in der Berufungsinstanz widersprochen werden.

Der § 327 des Entwurfs schreibt vor, daß nach dem Beginn der Verhandlung ein Mitglied des Gerichts das Urteil erster Instanz und hierauf die Berufungsanträge, also die Schrift oder das Protokoll, worin die Beschwerden gegen das Urteil erster Instanz aufgestellt worden sind, zu verlesen habe. Dieser Akt tritt an die Stelle des in der geltenden Strafprozeßordnung vorgeschriebenen Vortrags, den ein Berichterstatter in Abwesenheit der Zeugen über die Ergebnisse des bisherigen Verfahrens zu halten hat und in welchem stets das Urteil erster Instanz zu verlesen ist. Daß dieser Vortrag fortfallen soll, ist zweifellos eine Verbesserung, weil eine derartige Berichterstattung an sich schon eine Verletzung des Grundsatzes der Unmittelbarkeit des Verfahrens enthielt; aber was an die Stelle gesetzt werden soll, ist unbefriedigend.

Die einfache und natürliche Anschauung führt in konsequenter Durchführung des Zweckes des Berufungsverfahrens dazu, ganz ebenso wie in erster Instanz dem Ankläger, hier dem Beschwerdeführer, zuerst das Wort zu erteilen. Ist die Berufung von der Staatsanwaltschaft eingelegt, so können dabei Schwierigkeiten überhaupt nicht entstehen. Ebensowenig wenn ein Verteidiger für oder mit dem Beschwerdeführer erschienen ist. Nur wenn der Angeklagte allein oder für ihn ein Vertreter erschienen ist, der nicht rechtsverständig ist, wird die einfache Aufforderung zur Geltendmachung der Beschwerden allerdings gewöhnlich nicht genügen, um diese zutage zu fördern. Aber eine eigentliche Schwierigkeit liegt auch in dem Falle nicht vor. Der Vorsitzende, welchem das die Beschwerdepunkte angebende Schriftstück vorliegt, wird mit leichter Mühe es veranlassen können, daß die betreffende Person in verständlicher Weise unter Beziehung auf das Urteil erster Instanz die Beschwerden vorbringt. Im Anschluß hieran wird es dann allerdings nicht nur wünschenswert, sondern notwendig sein, um den maßgebenden Wortlaut kennen zu lernen, das Urteil erster Instanz und die Beschwerdeschrift durch Verlesung zur Kenntnis des Berufungsgerichts zu bringen. Die unvermittelte Verlesung zu Beginn der Verhandlung erscheint unmotiviert und würde, wenn sie nicht zugleich mit einer doch bewußt beseitigten Berichterstattung versehen wird, unverstanden bleiben. Ebenso wird die mündliche Geltendmachung der Beschwerdepunkte immer eindrucksvoller sein als die Verlesung eines sie enthaltenden Schriftstücks. Jeder Verlesung ist im Strafprozeß ein mündlicher Vortrag, auch wenn er nicht gewandterweise erfolgt, entschieden vorzuziehen.

Im übrigen darf angesichts der das Berufungsverfahren regelnden Vorschriften des Entwurfs die Hoffnung ausgesprochen werden, daß damit eine auf ihren Zweck beschränkte und deshalb die Rechtspflege wesentlich fördernde Einrichtung geschaffen worden ist.

Der Verfasser der vorstehenden Ausführungen, die mit diesen Bemerkungen über das Berufungsverfahren abgeschlossen werden sollen, verhehlt sich nicht, daß sehr vieles von dem, was er gesagt hat, keine Aussicht hat, wirklich Beachtung zu finden, sei es, daß man seine Vorschläge überhaupt nicht billigt oder daß man sich auf entgegengesetzte Anschauungen schon zu sehr festgelegt hat. Wenn aber auch nur in einzelnen Punkten das, was er befürwortet hat, den Vorschlägen in den Gesetzentwürfen vorgezogen werden oder zu ihrer Änderung herangezogen werden sollte, würde er es nicht bereuen, damit noch vor die Öffentlichkeit getreten zu sein.

Druck von A. W. Hayn's Erben (Curt Gerber), Potsdam.

Kolibri 360 GmbH
Ferdinand-Jühlke-Straße 7
99095 Erfurt, Deutschland
produktsicherheit@kolibri360.de